放送大学叢書029

心をめぐるパラダイム

人工知能はいかに可能か

心をめぐるパラダイム　人工知能はいかに可能か　目次

まえがき　4
第一章　心とは何だろうか　7
第二章　心をめぐる思索　アリストテレスの心理学　18
第三章　「心理学」という表記の成立　28
第四章　新心理学とは何か　近代科学革命と科学的実験心理学　36
第五章　精神物理学から生理学的心理学へ　55
第六章　日本の心理学　73
第七章　新心理学、科学的実験心理学の自立　105
第八章　パラダイム・シフト　意識心理学から行動心理学へ　119
第九章　新行動論と心の理論　131

第十章　認知心理学の台頭　情報処理システムとしての心　142
第十一章　情報処理システムとしての心の仕組み　154
第十二章　第一次認知革命　178
第十三章　第二次認知革命へ　203
おわりに　216
主な参考文献　218

最初に本書の狙いをかいつまんで記そう。

あなたはすでに心理学という学問のあることを知っていて、もう少しきちんと知りたいという思いで本書を手に取られたのかもしれない。本書で心理学とは何か、専門家としての筆者の解答を記した。この学問がきわめて科学的であることに、きっと目を開かれるだろう。新たな世界と十二分に出会い、展開する眺望を楽しんでほしい。

さらに、心理学の入門課程で学び、専門家をめざして継続的に勉強されている方、あるいは社会で生かすために、心理学を根本から見直したいという方へも、本書を十分活用されるなら抱かれた意図へ役立つように記した。問題意識をもって心理学に臨むことは大歓迎である。

あらためて述べよう。本書は「心理学とはいかなる学問か」という問いへの解答の試みである。現在の心理学の多彩な世界、その奥行きと広がりを、表面的に展望するのではなく、心理学の根幹を支える仕組みや考え方、認識の枠組みとなるいわゆる

「パラダイム」の展開を描くことを基本に据えて本書は書かれている。その歴史的変遷、心理学史的観点から、「今あるような心理学はなぜそのようにあるのか」という、重要な問いへの答えの一端を明らかにしたい。これにともない、既存の他の諸学問とのつながりと広がりについても言及することになるだろう。

学びも深まり、専門学部・学科生や専攻生として卒業論文・研究に取り組む学生諸君、ならびに大学院修士や博士課程、博士研究員などで研究を継続されている皆さんにもぜひ読んでほしい。

というのも、きわめて拡散した個別的な学びの中で忙殺され、心理学全体を貫く学問の在り方や基本的な性格・特性を見失いがちなのでは、と心配するからである。心理学を学ぶにあたりいささか承知はしていたつもりの内容が、学習が深まるにつれてそのつもりとは大きく異なり、こんなことを何故学ばなければならないのかと学び自体に意欲を喪失したり、期待に反して疑問や失望ばかりだと悩んでいるかもしれない。本書はそうした方へのメッセージでもある。

疑問や反問は、学び自体を一歩さらに深めるために避けられない。筆者自身も心理学に対してそうした思いがかなり長くあったが、それを克服し今日の自分がある。

さらに欲張っているようだが、専門家としてのスタートを切ったばかりの方、中堅として、研究活動にとどまらず教育に熱意をもって臨んでいる先生方にもぜひ、本書を参考にしてほしい。本書を読めば、見逃していたなにかを手にするはずである。明確な問題意識をもって熟読玩味すればするほど、決して字面だけにとどまらない、本書の内容の濃密さに気付かれよう。無論いたらない内容であれば、厳しい反論と指摘を示してほしい。専門家同士の濃い共同作業は、心理学の将来に欠かせない大事な作業である。ことにベテランの方々にも参画いただきたい。

なお最後になったが、心理学を密かに支えておられる心理学ファンやサポーターである大勢の方々へ。心理学者の生《なま》の呼びかけをぜひ本書から聞き取ってほしい。あなた方は、「人」とはこうしたものだ、「心」とはこうしたものだという深い洞察や日ごろの多彩で豊かな経験から学んだ経験知にあふれていよう。そうした洞察や経験を大切にしながら、本書を通してそれらのさらなる有効性を確認する機会とし、現在新たな局面にある心理学像に触れていただきたい。

西川泰夫

二〇一五年四月一日

◉第一章

心とは何だろうか

心理学とは、文字通り「心」を探究する学問である。古代ギリシアの素朴とも思える哲学的洞察から、今日の認知科学や人工知能研究まで、心理学はさまざまな思索を経て発展してきた。本書ではその流れを描いてゆくが、いまあなたは心理学をどのようなものと考えているだろうか。

心理学とは、人生のあらゆる場面で出会う修羅場をくぐり抜け、豊かな経験を積み優れた感性を培った人間通の語るさまざまな人間模様、人情や感情物語であろうか。人間とは何か、人生とは何か、聞く耳に納得と感動をもって響く内容をまとめたものであろうか。人間理解の手引きとなる人生訓を綴った虎の巻だろうか。同じような問題に遭遇した際に有効な手助けとなる、生活の知恵を授けてくれるものだろうか。

それとも、自分でも気付かない私自身のみならず広く人々の心の奥行きや隠された心の深層や様々な局面を筋立てて語ってくれ、心の不思議や怨念を解き明かしてくれるものだろうか。人の本心がわかったら、確かにこんなに苦しまなくともいいのに……。あなたはこんなふうに「心理学」というものを受け止めているかもしれない。

しかし、人間の心を描くそうした物語は、すぐれた純文学作品、昔から語り継がれている言い伝えや物語、神話や寓話、童話に至るまで、すでに無数にあり多彩な人間模様が描き出されている。その他にも旧約聖書や新約聖書に代表される、人の守るべき規範、倫理・道徳・価値観を記した各宗教のお手本がある。さらに私たち普通の人々がなすべきこと、行動様式、したがうべき慣習や風習、ライフ・スタイルは日々の生活そのものの中に埋め込まれている。そうした私たち人間がいかなる「心」を持った存在かはいつ学んだとも特定できないが、暗黙のうちに私たちの身についている。それは誰もが知っている常識であるのみならず、頭ではなく体が覚えているのだ。

そう考えると、私たち一人一人は、大なり小なり心理学者であるといってもよい。今さら改めて心理学でもなかろう、そうした思いを抱く方も大勢いるに違いない。

心理学をあえて学ぶわけとは

しかし、人とはいかなる存在かを知るためには、さらなる多彩な経験や場数を踏むことが欠かせない。よりよく知るためには、ただ日々の人間観察の繰り返しに止まらず、何ほどかの組織的、体系的な学びも必要だろう。するとそのための手掛かりがいる。それが心理学を学ぶことであり、それを具体化してくれるのが心理学という学問である。

あえて心理学を学ぶ理由はここにある。しかもその学びは、社会が高度に複雑化してくると、日々の生活の現場で人間通という達人から学ぶのではなく、現場から離れて間接的に、教科書や専門書などからの体系的な学びという形をとることになる。そのとき心理学は、必然的に日常性から遠いところで繰り広げられざるを得ない。するとすぐに疑問ばかりか批判や反論が出てくる。心理学は現場で生きている実際の人を知らない、頭だけの理屈だというものである。さらに、心理学の教え手が年若かったりすると、現場で汗をかいたことのない者が、どうして生身の人について語れようか、もっと人生経験を深めてからにしてほしい、と批難されることになる。その批判に、心理学はどう答えるだろうか。

検証を進める前に一つ確認しておきたい。世間の人間通は、私たちに「心」をどのように語るのだろうか。

決まっているではないか。お互いがわかり合えるのは、お互いに通じる言葉である。もちろん目も、身ぶりも手ぶりも表情も、みなみごとに語ってくれる。匠みの技は、見て聞いて味わって体で感じてみてしか、そのコツは捉えられないかもしれない。でも、なんといっても言葉である。

そう、母国語で語るのである。物語を読むのであれ人と語り合うのであれ、的確な伝達を可能にしているのは、基本的に母国語である。言葉に各自の思いを託す。そのとき、いかなる言葉をどのような文脈で用いるか、語り手の個性が色濃く反映される。ことの微妙なニュアンスは、各自の多彩な用語選択に託されている。

いいかえると、語るということは、各自の主観性によって左右されることに他ならない。個々人の語の運用や意味付けが伝達内容の決め手となる。当人でない別人が当人になり代わって同じ感覚で語ることはできないし、また同じように受け止めることはできない。分かち合えるのは共感と納得、了解に止まる。したがってどうしても、意味のずれや偏り、揺らぎから、勘違いなどが生じる。語らないことを語ったと聞いてしまうし、語ったことを的確に受け止めていない。まさに個々人の感性、経験が担う働きだからこそ、そのような揺れという特色をもつのである。

しかも同じ言葉に接しても一人一人が異なるものを見たり聞いたりするので、ディス・コミュニケーションは避け得ない。麗しい誤解で済めばよいが、とんだ修羅場や対立を生むこともあるだろう。

そうした主観的な言語運用にどのように対処するのか。実はこの点に学問の在り方、持っている性格や特色が表れる。では心理学は、この問題にいかに答えているのだろうか。本論の展開の中で追い追いはっきりするので、ぜひその問題意識を持って読み進めていただきたい。

「心とは心である」

さて、「心」とは何だろうか。心理学からの解答を探る前に、学問ではなく日常の場で私たちが持っている解答を見ておこう。身近な辞書、国語大辞典や事典、小辞典、さらに昨今では電子辞書にとどまらずインターネットで調べれば、そこに答えがある。

辞書によって、記載された言葉の概念規定に濃淡があるが、手近なもので見てみるとこうだ。『岩波国語辞典　第四版』から。

【こころ（心）】　体に対し（しかも体の中に宿るものとしての）知識・感情・意志などの精神的な働きのもとになるとみられているもの。また、その働き。

では「精神」はどうか。

【精神】　人間の心。非物質的・知的な働きをするとみた場合の心。

念のために「知」なども見てみよう。

【知】　心に感じとる。物事の道理がわかる。しる。しらせる。おぼえる。「知覚・知見・知情意・上知・覚知・通知・予知・周知・承知・報知（など以下省略）」

【意識】　自分が現在何をやっているか、今はどんな状況なのかなどが自分で分かる、心の働き。

【心理】　心の働き。意識の状態・変化。②「心理学」の略

同じところの「心理学」にはこうある。

【心理学】　生物体の意識とその表出としての行動とを研究する科学。

この箇所で唐突にも「心理学」の学問的規定が露わになる。辞書を編んだ方に問題があるわけではないが、ここに引用した語の概念規定には、実は問題がある。それは「心」「精神」「意識」、これらの語の概念や意味規定に、同語反復がある点である。要するに「心とは心のことである」と言っているにすぎないのだ。これでは説明がなされたことにならない。「心は心である」、確かにそうに違いない。論理学で言うトートロジー(恒真)である。そもそも説明のために用いられている「心」という語を、あらためて説明しなければ、「心」を説明したことにはならない。これではいくら説明しても説明の無限後退を引き起こすだけで「心」が何であるのか、ついにわからない。

この事態にどう向き合ったらよいだろうか。心をめぐっては、各自が自分なりに解釈すればよいではないか、と言われようか。

仮にそうしても問題を蒸し返すだけである。私たちが各自で「心とは何か」を考えるとき、解釈に用いられるのは、各自の多彩な経験や各自の感性に訴える言葉である。しかし、他者に正しく伝達し理解を得られるように自分の言葉を説明しようとすると、最後には、説明すべきはずのその同じ語に戻ってくる。堂々巡りをしているだけで、問題はなんら解消していない。

とはいえ、もう説明の必要はないということにはならないだろう。真摯に「心」とは何かと問いかけたにもかかわらず、もう知っているので説明終わり、とトートロジーを投げ返される。これでは説明の放棄である。

心の科学の困難

では「心とはなにか」、国語辞典に記された内容で知ったつもりになっているだけでいいのだろうか。その昔のある哲学者は、心の科学は成り立つのだろうかと問い、それは困難であると言った。そしてその根拠として三つの難点をあげた。

1　自らの心を自らの心がわかるのだろうか。
2　実体をもたない心をいかに実証科学の対象とすることができようか。
3　およそ科学の基盤には数学があるが、心の科学にそれがあるのか。

これは十八世紀の哲学者のカント（Kant）が投げかけた根本的な難問である。自らの心は自分自身が最もよくわかるのだから、いまさら心の学問が必要だとはいえない。そんな思考停止の勧めのような考え方に、カントはまず、自分（の心）が自分（の心）を最もよくわかっている、知っていることは確かなのかと疑問を提起しているのだ。心とは何か、その説明を自己完結させせないならば、自分以外の第三者に委ねる必要がある。すなわち、自らの主観によらないで「心」を客観的に捉えるのである。他者の視線のもとにさらされた自分（の心）に対する説明や認識を受け入れることである。つまりそれは、自己の認識を超えた別の水準からの認識である。これをメタ認識という。冷静な第三者の目による認識であり、これには「岡目八目」の効用があるかもしれない。「心」を説明する言葉は、メタ語で構成された概念体系、ないし意味でなされねばならないということである。こうした水準で使用される語を専門学術用語（テクニカル・ターム）という。もちろん、この専門学術語もそれを説明する語を求めて同じように無限後退することを避けなければならないのはいうまでもない。

ちなみにこの際の取りうる手段に無定義語（任意の記号系）の導入がある。ある記号系を導入し、任意の概念や意味はこの記号の間に導入されたルール、すなわち数理論理関係構造（公理系）と演繹される命題（定理）群の内容で規定するのである。これを構文意味論（syntactics semantics）という。これがいったい何を意味するのかについては、そもそも本書の論旨そのものに重なる重要な論点であるので、後に説明する予定である。したがって、ここではその指摘にとどめよう。

別の言い方をするならばこの事態に対応する科学的方法論としては、自分自身が自らの内面を把握して行う内省法（内観法）ではなく、第三者などの手で営まれ、客観的に検証も反証もできる手段で「心」を追求することが有効だということである。

カントは二つ目に、実体を欠く、つまり見ることのできない不可視の心への取り組みの難しさを指摘する。自覚の上では確かに「心はある」と実感されるが、形のある対象を探求する多くの自然科学の場合と異なり、直接見ることのできない心への取り組みは難しい。心の実体化は可能なのだろうか。具体的な計測が可能で、その結果を数値化することはできるだろうか。その方法や手段はどのようなものだろうか。この点は次の論点と重なってくる。

カントの指摘の第三は、心の科学は可能かと問う。心の科学、心理学の数学化とは何を意味するのであろうか。それが可能であるとして一体どのような数学の導入が図られなければならないのだろうか。数学化できること自体が目的ではなく、それが心の究明にとっていかなる意味をもっているのかが問われているといえるだろう。

以上、心理学という学問が確立する上で解消しなければならない論点が、カントの反問をかりて明確に浮かび上がった。こうした疑問点を払しょくしてきた歴史を経て、現在の心理学は作られてきた。さらに、将来に向かう心理学のあゆみは、この背景の先に展開される営みである。

心理学史を学ぶことは、心理学とは何かという問いに対する解答を追い求める中で繰り広げられてきた、大勢の研究者の探索の足跡をたどる旅でもある。その先には、これから心理学を学び、その先へと引き継ぐあなたによって繰り広げられる新たな物語が広がっていることだろう。その旅の始まりに、いまあなたは立ったのである。

◉第二章

心をめぐる思索

アリストテレスの心理学

諸学の発端に遡ると、概ね古代ギリシャの哲学者たち、その中でも万学の祖と言われるアリストテレスに遡るのが一般的であろう。心理学も例外ではない。アリストテレスの著作目録は、彼の学校リケイオンの最後の学頭アンドロニコスによって編集された全集（全典）、ならびにベッカー校訂編集によるプロシャ王立アカデミー刊行版が知られている（アリストテレス『形而上学』）。同書「訳者解説」をもとに、筆者の手で以下のように三つに分けよう。

アリストテレスの最初の仕事：専門用語の整備

まず第一のものは、彼が仕事を進める上での必須だった道具、すなわち思索を展開する道具（オルガノン）と専門用語の整備である。

オルガノンとは、アリストテレスの形式論理学、いわゆる三段論法と言われるものである。思索、つまり考えることに内在する形式を抽出し（基本型はすべてで二五六通り）、その展開の過程、推論や思考の形式を明らかにした。中でもアリストテレスの大きな貢献は、推論展開のうち論理的に正しいものとそうではない詭弁とを明確に区分したことであった。

またこれに加えて、自分の思索を述べるのに不可欠な言葉、思索内容を的確に伝えるための彼独自の用語、固有の語を整備した。なじみの日常語を使ったのでは、その語に対する受け手の感性や語感、意味内容の理解が彼の固有の概念を歪め、偏りが生じかねない。その危険を避け、的確な伝達を可能にするための工夫であった。したがって、アリストテレスの学問を学ぶ学生たちは、オルガノンをはじめ、まず彼固有の言葉の習得から始める。その教育機関として、アリストテレスは自らの学校（ソクラテスのアカデメイアに対比してリケイオンといった）を紀元前三三五年アテネに開設している。そこで学生の育成や、弟子や後継者の養成を行ったのだ。ちなみにこのような言葉の習得は現在のアリストテレス研究家にとっても必須の要件である。

このことは、どの分野であれ、現在のより高度に組織化されている学問を学ぶためにも欠かせないことである。学問の学習は、固有の用語、学術語、専門語を学ぶことから始まる。いつどのように学んだかわからないうちに、いつのまにか習熟し縦横に運用できるようになる母国語の学習とは異なった、意図的で自覚的な新たな学習が必要なのである。

もちろん、人の心を語るために日常語ではない独自の専門語を用いる心理学を学ぶ際にも、欠かせない基本的な準備（基礎リテラシー）である。

アリストテレスの二番目の仕事：有形の学

アリストテレスの二番目の仕事は、彼の理論学ないし理論哲学の三部門（第一の哲学、数学、自然学）の内の「自然学」、「有形の学」である。「有形の学」とは、要するに形を有する対象の学、実体のあるものを対象とする学である。現在の自然諸科学、なかでも物理学が該当する。この中に、本旨に直接かかわる彼の著作があるので、ここで紹介しよう。

アリストテレスの心理学

著作のタイトルは、「Peri psyche」ないしは「De anima」である。前者はギリシャ語、後者はラテン語表記であるが、通常『霊魂論』と訳される。『心とは何か』、『心理学』という訳もある。また、『霊魂論』というのは伝統的な主旨を引き継いだ訳である。さらに、そもそものアリストテレスの主旨に則していうと、『生魂論』と訳すのがよいという哲学者もいる。

この著書は、彼の著作の中では「有形の学」に相当する。つまり、「自然学」である。アリストテレスの物理学的、心理学的、生物学的著作の中の心理学的著作である。プシュケーの語義は、気息(呼吸)、息をしていること、つまり生きていることであり、これは「生きていることとは何か」に関する論考というべきもので、「生命論」に他ならない。そして、生命をもたらすもの、その原因となるものが「心」である。

アリストテレスによるとこの原因である「心」は、感覚能力、思考能力、運動能力、そして栄養摂取能力をもつという。

しかし、こうも述べる。「心」とは、ある特定の条件をもつ身体の状態、一種の能力であり、その能力をもつ器官と能力の対象との関係を物理的、つまり自然学的な説明によって究明することを目指すのだ、と。これは明らかに心を霊魂ととらえる霊魂論とは異なる生命論であり、それゆえ生魂論とするのがよいとも言われるのである。この見解は現在の生理学的人間観、有機的物質論に合致し、さらに最新の脳神経科学や物理学などの観点につながる物質論に立つ心身一元論であるといえよう。

今日の理解では、生きていることの基盤は、長い生命進化の自然淘汰のなかで形成された精妙な無条件反射のシステムとその作用、機能である。昨今の生死の判定基準を見てみるとよい。瞳孔反射の有無、膝外腱反射の有無、深部脳波の有無、心拍（心臓の鼓動）の有無などに生死の判定が求められるように、無条件反射（ないし無条件反応）の有無が生命の有無の判定基準とされている。外部からの物理的、機械的刺激に対して自動的、機械的な応答があるかどうかを見るのである。

そして現在、心をどうとらえたらよいのかというと、一般的には脳（脳神経細胞網、ニューラル・ネットワーク）の作用、機能として理解するのが当然視されている。「脳は心の座である」という言葉がこれをよくあらわしている。

アリストテレスは当時、心理学の現在の有り様を想定していたわけではないだろう。心、つまり生きていることに対する彼の理解は、当時の一般的な認識に左右されていたに違いない。それは、生気論（生命原理、プネウマ）であり、生きている証としての気息（息を吹き込む、息をする）の有ることをもって心としていたといえよう。死に際して抜け出す息、つまり魂を指す概念こそ心であった。心とは霊魂、魂、そして精神とされるものであったのだ。

もっとも霊魂説は「有形の学」の範疇というより、むしろ「無形の学」、つまり「形而上学」を引き継ぐものといえるかも知れない。霊魂という実体をもたない不可視な対象に関する学として「心」をめぐる議論が位置付けられるまでには、アリストテレス以降、幾多の変遷を経て十三世紀頃に体系化される『神学大全』までの経緯がある。

アリストテレスの三番目の仕事：無形の学

自然学関係諸著の次に配列されたのが理論哲学の三部門の内の「第一の哲学」に関する十四巻の書である。なお「数学」に関する書は残されていない。「第一の哲学」に続くものが「実践学、実践哲学」である。この「実践学」、あるいは「人間のことについての哲学」とは、倫理学と政治学（国家の制度、立法、行政）である。そして「制作術」（弁論術、詩学）に関する著作が続く。

さて、「第一の哲学」十四巻の書は、「自然のものども（ta physika）の次の（meta）ものども」、すなわち「有形の学」、自然学関係の諸巻の次のものという意味で、「メタ・フィジックス」という。これを訳出して『形而上学』という。「有形の学」に対比される「無形の学」とは、実体を持たない事柄を取り扱う学であり、中でも、「心」のように、実感としては確かにあると感じられるものの、それ自体は不可視な対象や、物事の本質といった抽象的な概念を対象とする学である。

なお、この「次の」「後の」という言葉は、物の順序というより、ものごとのもとにある不可視の「本質」や「原因」を指す言葉である。それゆえ「イデア（真理）」にも該当するし、さらには当時の宗教観を考えれば、すべてのものごとのもとにある神の存在を前提とみなすものといえよう。そのため形而上学は神学論の根底ともみなされ、後のスコラ哲学における『神学大全』に記されるような霊魂論、魂論へと展開されることになる。

この系譜を引く哲学的、倫理学的、道徳学的心理学は、心を形のない非物質である永遠不滅の魂、霊魂、精神とみなしてきた。この点に関するアリストテレスの思索そのものは、彼の直接の著作が残されていないため、彼の最後の学頭であるアンドロニコスの手でまとめられた著作集などを通して知られるだけである。そしてその後は、時代の経過にともなう幾多の変遷を経て、現在に伝えられてきた。簡単にその跡を追ってみよう。

アリストテレスからスコラ学へ

古代ギリシャの時代を過ぎると、まずギリシャ文明とオリエント文明の融合によりヘレニズム文明が成立する。そしてマケドニア王、アレクサンドロス三世による東方遠征を機にギリシャ科学がオリエントの各地に拡大していく。その中心地は、エジプトのナイル川デルタ地帯西端に建設されたアレクサンドリアであり、そこに建設された研究施設や図書館であった。なおアリストテレスは、十三〜十六歳の皇子時代のアレクサンドロス三世の家庭教師を勤めるためマケドニアに赴任している。

その後、地中海はローマ帝国の支配下となる。古代ローマではキリスト教の公認（三一三年）などにより、科学的関心が急速に失われていく。しかも四一五年には、キリスト教過激派の手でアレクサンドリアの研究施設（ムセイオン）は襲撃され、古代ギリシャの科学的著作などは破壊されてしまった。

さらに時代が下り、八世紀になるとアッバス朝イスラム帝国は、首都バグダットに八三〇年「バイト・アル＝ヒクマ」(知恵の館)を設立し、古代ギリシャ・ローマ時代の文書・学問を翻訳し、学問の振興に努めた。このアラビア科学が、十一世紀から十三世紀にかけて計八回行われた十字軍遠征によって、西ヨーロッパに逆輸入された中から、アラビア語からの翻訳によるアリストテレスの受容もされるのである。そのとき受容したイスラム哲学がスコラ学、スコラ哲学の原点とみなされる。

十三世紀にはいると、とくにスコラ哲学を大成したトマス・アクィナスに代表される三者、アレクサンデル、アベルツス・マグヌス、トマス・アクィナスの手で、別々に『神学大全』が著わされている。これらでは魂は完全な霊的実体であり、肉体の死後にも存続するといった霊魂不滅論が論じられ、「心＝霊魂説」が述べられている。マグヌスはアリストテレスをカトリック神学へ導入し、ドミニコ会哲学の基礎を確立した。トマス・アクィナスの書は三部構成であるが、第三部は著者の死で未完に終わっている。

形而上学的心理学から新心理学へ

イスラム哲学に取り入れられたアリストテレスと、それ以降のスコラ哲学は、アリストテレスの自然学の中に位置づけられていた「心理学」に当たる著作『霊魂論』と、無形の学、すなわち見えないことの本質を問う『形而上学』とを混ぜ合わせたようなものと考えることができる。

そもそもプシュケーとは、生きていることの原因である「心」に当たる。プシュケーという言葉の意味は「いき」「気息」「呼吸」に当るもので、死者が最後に口から吐き出す息がその正体とされた。そのことから、身体とは別に永遠に存在する何か、すなわち霊魂というものがあるのだと考えられたともみなされよう。この観点が不可視の本質を問うという「形而上学」のアリストテレス以来の主旨と重なって、スコラ的な神学の基礎におかれ、霊魂論や霊魂不滅論に引き継がれた。

これ以降の「心理学」は、基本的には「形而上学」を引き継ぐかたちで心を霊魂とみなしてきたといえよう。この霊魂観は、近代科学革命によるアリストテレス学からの解放という大きなパラダイム・シフトを経て、哲学的心理学から科学的実験心理学へ、新たな心理学へと変貌を遂げることになる。

第三章

「心理学」という表記の成立

ここまで、「心」とは何かを追求する学問を当然のように「心理学」と言ってきた。大方は異論がないにちがいない。それどころかなぜあえてこれを問題視するのか、と言われるかもしれない。なぜ心理学は心理学と言われるのか、これはこれで長い歴史的経緯がある。

科学的実験心理学者のはしりで、高次精神機能の代表である記憶の研究で著名なエビングハウス（Ebbinghaus, H.）はいみじくも「心理学は長い過去を有する。しかし、その歴史は短い」という言葉を残している。「心理学」の長い過去にはどのようなことがあったのだろうか。まずはこの学問の名称の変遷を訪ねてみよう。そもそも日本語表記では当然のように「心理学」と記しているが、それは事の始まりからそう表記されていたのだろうか。

西欧における表記の跡を訪ねて

「形而上学」からpsichiologiaへ

前章で述べた「形而上学」以降の長い時間の後、これに代わる用語が使用されるのは、一五二〇年になって、クロアチアのダルマチア地方の人道主義者（哲学者）マルリッチ（Marulic, M.）によって著わされた「*Psichiologia de ratione animae humanae liber I*」というタイトルに「psichiologia」（心理学のラテン語表記psychologiaのなかで最も古いと考えられる表記）が用いられたことをもってはじまりとする。ただ、あったとされるこの原稿はあいにく失われているようだ。続いて、フリーゲス（Freigus, J. TH.）による『キケロ派』（一五七五）、『自然学問題集』（一五七九）で「psychologia」の表記が使用された。ただし、この十六、十七世紀に「psychologia」と表されていたのは、現在の心理学というよりも「心霊学」に近いと言われている。

さらに一五九〇年、ゴグレニュース（Goclenius, R., d. A.）の著作の表題に「psychologia」（形而上学的・神学的内容）が使用された。また彼が審査に当たった学位申請論文にも「Themata psychological de ratione ....」という使用例があった。「psychologia」が論文の表題に用いられた例は一五九四年にも見られる。一六六二年の事典には「psychologia」(doctrina de animae：霊魂の学)が収録されている。

またラテン語の学術用語としては、ヴォルフ(Wolff, C.)が大きな役割を担った。彼は次のような二著を著わしている。「*psychologia emprica*」(『経験的心理学』、一七三二)と「*Psychologia rationalis*」(『合理的(理性的)心理学』、一七三四)である。

このラテン語表記の「psychologia」は、学術用語として各国の共通語であったが、この表記が便利であったため、その後各国語の表記に置き換えて使用されるようになる。英語表記の「psychology」はその典型である。ドイツ語では「psychologie」であろうか。

そして、心理学最初の教科書が著される。心理学者というより教育学者として著名なヘルバルト(Herbart, J. F.)の『心理学教科書』(一八二五)である。当時の研究法として、人間は実験の対象にはならないので、数学が必要ということであったが、その数学は現在とは異なり感覚的、直観的なものであった。彼は一八二四～二五年にかけ『科学としての心理学(経験、形而上学および数学に基礎づけられた心理学)』という著作を著わしてもいる。

それはさておき、ヘルバルト以降になると直接、現代の新心理学、つまり科学的実験心理学の自立と興隆へとつながってゆく。この点のいきさつはあらためて言及しよう。その前に、「心理学」という日本語表記の語源や由来を検討しておこう。

日本語表記「心理学」の謎

サイコロジーは「性理学」、「精神哲学」、「心理学」?

現在では、「心理学」は「心理学」であってそれ以外には考えにくい。そして例えば英語では「心理学」が「psychology」と表記されることがやはり当然とされる。しかしこの関係が誰の手で、どのような経緯でそうなったのか、実は解明されていない。

ことは幕末に、幕府派遣留学生の一人となった西周が、留学先のオランダ・ライデン大学でフィセリング(Vissering, S.)教授による留学生だけの個人教授に近い講義を受け、当時の西欧の最先端の諸学を学んだことにはじまる。西は、もともとはアメリカ留学を希望していたが、その実現直前に起った南北戦争のためにアメリカ行きを断念しての渡欧であった。帰国後、一旦は明治維新により徳川慶喜に従って駿府に蟄居していたが、明治政府の呼び出しによって当時の兵部省に出仕した。一八七〇(明治三)

年のことであった。

そしてその傍ら、請われて私塾「育英舎」を開設し、学んだ西欧の学問をもとに「百学連環」という講義を行った。これはいわば「百科全書」である。当時の西欧の諸科学を西が分類体系化したものである。その講義を聞いた学生の一人（永見裕）が講義内容を筆記したノートが現在に残されていて、その復刻版は『西周全集』に収められている。

「百学連環」の総目次に、西の学問分類が見て取れる。

総論

第一編　普通学

（……）

第二編　特別学　Particular Science

第一　心理上学　Intellectual Science

（……）

第二　哲学　Philosophy
　　致知学　Logic
　　性理学　Psychology
　（……以下略）

　ここに見る通り、西の分類では「psychology」の日本語訳は「性理学」である。「心理学」ではない。

　その後西は一八七四（明治七）年、『致知啓蒙』を著わした。これは論理学を扱った著作であるが、その中で「性理学」にルビをふって「psychology, Mental science」と当てている。ここでも西は「心理学」とは訳していない。さらに一八七七年には、ミルの『功利主義』を『利学』と訳出刊行しているが、その文中でも「性理学」には「サイコロジー」とルビを振っている。これも一貫した訳出である。

　ところが一八七五年から翌年にかけて、西はヘブン（Haven, J.）の『精神哲学』（原著一八五七）を訳し、奚般氏著・西周訳『心理学』上・中・下巻として当時の文部省から刊行したが、この訳書の緒言冒頭欄上段に注を付け、こう記している。

メンタル・フィロソフィ、爰ニ心理上ノ哲学ト翻シ、約メテ、心理学ト訳ス、
此学如何ヲ論ス

とすると西はここで、「精神哲学」（mental philosophy）を「心理学」としたのである。では、誰がどのような経緯で「psychology」を「心理学」と訳したのか。これは解けていない謎である。しかるべき史資料の発掘などが待たれる。

『精神哲学』の内容

西の訳出した『心理学』の内容は、新心理学ではなく哲学的、倫理学的、道徳学的な心理学といってよい。当時日本国内でも多くの人が読んだと言われるが、現在の科学的実験心理学とは異なり、日常生活における心的力やその解説、規範性などを論じた、身近な経験にも則したテーマのものだった。

いずれにしてもこれ以降、「心理学」という表記は現在にまで引き続いて使用されている。しかし現在の「心理学」の実体や内容は、西の訳出した『心理学』に描かれ

たものとはまったく異なっている点に注意が必要である。現在の心理学を「新」心理学とよび、従来の「哲学的」心理学と明確に区分しなければならない。その違いは、従来の哲学的心理学がアリストテレス流の形而上学の系譜をひくのに対して、新心理学は近代科学革命を受けて、科学的実験心理学として自立したものであり、アリストテレス的でスコラ哲学的な「心＝霊魂論」を取らないことである。ここで起った大きなパラダイム・シフトは、次章以降で説明しよう。

第四章

新心理学とは何か

近代科学革命と科学的実験心理学

科学的実験心理学、つまり新心理学の、哲学的心理学からの自立が促された背景には、近代科学革命の影響がある。新心理学の主旨をよく理解するためには、この近代科学革命という出来事の持つ意味を知る必要がある。

まず、この近代科学革命とは何に対する革命であろうか。端的にいえばそれは、あのアリストテレスの自然学に対する見直しである。この変化を名付けた近代科学革命という呼称は、科学史家のコイレ（Koyre, A.）らによるものと言われている。

物事の認識に際しての考え方や方法論など認識の前提にあるものを、『科学革命の構造』（一九六二）を著した科学史家クーン（Kuhn, T. S.）の導入した語でパラダイムという。そしてパラダイムの更新を、パラダイム・シフトという。新心理学の自立も近代科学革命というパラダイム・シフトの結果、もたらされたものである。

では、根本的な更新点はどのようなものだったか、要点をみてみよう。

アリストテレスからの解放

タブラ・ラサ

物理現象を捉える際、アリストテレスが用いるのは、私たちに生まれついて身体に備わった生理学的受容器である。それを頼りに行う観察と、そこから得た感覚的直接経験が出発点となる。身体に備わった生来の感覚器官がとらえた感覚内容をいま感覚データと呼ぼう。これが感覚現象の説明や理解にとってのスタートとなる。しかし人が世界を認識するためには、これらの経験事象、感覚データを羅列するだけに止まらず、経験的事象の間にある普遍的な規則性や法則を抽出することが必要である。この法則抽出作業には彼のオルガノン（形式論理学）が有効であっただろう。このような彼の思索、推論の結果として抽出される形式的内容、これを経験法則あるいは帰納法則という。

ここで大切な点を強調しておく。彼の言葉とも言われる「感覚の内にないものは、心の内になし」という表現である。各自の感覚を通した経験、体験内容から、世界に関する知識が形づくられる、という意味である。したがって知識は、感覚（身体に備わる感覚器官の受容したもの）を介した経験で遭遇する外界にあることになる。この認識は後世、ロック（Locke, J.）などに代表されるイギリス経験主義・経験論の起源といえる。さらに、この点は「心」をいかなるものと考えるか、大事な観点を提起する。

それは、心とはまっさらな石版のようなもの、そこに何も書かれていない白紙のようなものである、と考える「心＝白紙論」とでもいうべきものである。この白紙のことをタブラ・ラサ（tabula rasa）というが、これはアリストテレス由来のラテン語の訳語といわれる。知識や知性は、この白紙の石板に書きこまれて形づくられるのである。心は生得的なものではなく獲得形成されたものだということになろう。これが学ぶ（学習する）ということに当たる。

観察機器の発展

アリストテレスの精緻な観察結果と経験を基に培った宇宙観は、天体の運行や季節の変化、将来の出来事の予測に有効であったに違いない。日常生活の方針を立てる上でも役立ったであろう。しかし、その観察の精度や、事象に対する説明や理解の内容の適否はどの程度のものだろうか。彼の類まれな感性と、感性をもってしてもとらえられない事柄に対しては、加えられた解釈ないし想像力がすべてである。解釈のもっともらしさや有効性は同時代の人々の主観に照らせば、許容範囲であっただろうが、物事に対する妥当性ある説明として必要で十分なものだったかについては、疑問をはらむと言わざるを得ないだろう。

この点は、直接の観察に代わる、より精度の高い、精密な観察を可能にする観察機器や装置の開発によって状況が大きく変化する。近代科学革命の起きた十七世紀までに、様々な装置の開発・発展があった。はるか遠くにあり直接目では見えないものも、望遠鏡という装置で見、小さすぎて見えないものも顕微鏡という装置で見ることが可能になった。その結果、ある特定の人物に固有の感性とそれを基にした思索という豊かな創造性に委ねられていた法則を導く際の根拠が、第三者にも客観的にみることが可能なものになった。

想像でしか語られなかったことの適否も、実際に確認できるかどうかで、客観的な評価が可能になる。ことの信ぴょう性を確かめられるのだ。また客観的な観察結果を基に反論や反証ができるし、そうした検証を経て、さらに適切な説明も理解も得られる。特定の個人に立脚するだけではない公共の認識を開くという点で、より望ましいことに、世界の認識が秘儀のもたらすものでも神秘な出来事でもなくなる。

個人の直接の感覚と豊かな創造性に委ねられた、つまりアリストテレスというたぐいまれな知識人の直接経験とそれを基にした思索ならびに解釈から帰納的に得られた法則、つまり経験法則に対して、世界認識に関わる異なるアプローチが現れ、知識の在り方の基本に対する見直し、いわゆるパラダイム・シフトが起こった。それを加速したのが、近代科学革命の時代にはじまった客観的観察を可能にする機器や装置の開発（ハード的側面の発展）と、それがとらえたデータを数量化し、数値の間の論理関係構造からことの基本を究明する（ソフト的側面の発展）という取り組みであった。

計測データの意味

つまり客観的に誰でも観察できる事象を基にして、再現可能ないし検証可能、あるいは反証可能な普遍的な法則の発見を目指す、新たなパラダイムが開かれたのだ。観察された結果はデータであり、観察装置や機器に備わった物差しの目盛で表されることになる。その目盛は基本的にはある単位をもった数値で表される。このことは、事象の説明と理解が、データという数の間の論理関係構造に委ねられることを意味する。したがって、従来のような直接の経験から帰納された経験法則ではなく、論理的数理法則として、物事の法則が演繹的に導出されることになる。しかもこうした法則は、そこから導かれる理論や予測内容を、再現実験や論理的妥当性をもとに再度論証するなど、客観的な検証や反証に開かれている。

経験重視の立場からは、データから得られる法則は単に理屈でしかないという強い反論、反感が巻き起こるであろう。なんといっても直接的な経験を離れた、間接的な議論でしかないように見える。こと人間に関する事象となると、現象の起きている現場で汗をかく(直接経験する)ことこそ、豊かな人間通への道だという思いも強い。理屈では人間の実態には近づけない、心理学の数学化などとんでもないということであろうか。

しかし、データの役割は次の点にある。一例として記憶という心理現象を分析することを考えてみよう。一旦記憶に留めたことも時間とともに失われることは、誰しも経験しているだろう。物忘れをいかに防ぐか、大切なことをいかに記憶するか、日常生活や勉強のうえでも、多くの人の関心事である。この記憶を支える心の仕組みを客観的に探究する際に欠かせないのが、データである。

例えば、ある時点で完全に覚えた単語の数と、時間の経過を経ても記憶に残っていた単語の数とをグラフ上に描いてみる。すると忘却曲線と呼ばれる曲線を描くことができる。これが、具体的で客観的なかたちに表された記憶の性質である（記憶の実体化）。このように心理現象をデータとデータ相互間に成り立つ関係に着目すれば、その関数の数理論理的構造から、心を成り立たせている基盤にある法則や理論を明らかにすることが可能になる。記憶という心理現象については後に改めて論じよう（第七章）。

さて、心を科学するとはいかなることか、後代の展開をあらためて見て行くことにしよう。

新心理学の自立

近代科学革命の一翼を担った哲学者の一人として、デカルト（Descartes, R.）をあげることができる。彼は、心を天与の知性（考える能力）ととらえ、人間は合理的で理性的存在であるという現在につながる人間観をもたらした一方、心と区分された身体を（人以外の他の動物を含み）機械とみなす機械観、物質観の発端になったと目されている。

心は思惟、考えることである

まずデカルトの哲学的立場を表す言葉として「心身二元論」を挙げよう。彼の理性観や機械観は、これに基づくからである。デカルトによると、人とは、心あるものであり、かつ身体あるものでもある。心と身体の両者で構成されるという。しかもこの心身は、相互に無関係で独立であるという。こうした考え方を心身二元論という。

では彼の言う「心」とは何だろうか。その定義は『方法序説』(一六三七)に記されている。

デカルトによれば心とは「思惟」、つまり「考えること」「思考」である。これはデカルトの「第一の原理」ともいわれる。これを「cogito ergo sum」、英語に訳すと「I think, therefore I am.」と彼は記した。昔流の訳では「われ思う、ゆえにわれ在り」、現代訳では「私は考える、それゆえに私は存在する」ということになる。「われ」と言っても、英語表記から明らかなように「我々」ではない。一人称の「この私」である。ここから哲学的には、他者の存在問題という大きな論点が引き起こされた。私の存在は確かであるが、私以外の他者は、はたして存在するのか、という問題である。ここではこの問題を指摘するにとどめよう。

一方、こうした原理に到達した方法論は「方法的懐疑」といわれる。この世の中にあるものすべての存在を疑って疑いえないものを探ると、ほとんどすべてのものの存在が疑わしく思われる中で、しかしその疑いを疑う、この疑う私は確かに存在することがみえてくる。そこから思考を展開する「この私」の存在を確証したといえよう。もっとも、彼はこの原理を、心のもとにある考えること、理性的なもの、合理性の基盤となるものとしての、全知全能の神の存在証明につなげたいという思いもあったと言われる。考える心は神からのたまものということであろう。

この点でデカルトの方法的懐疑は、アリストテレス流の「心＝白紙論」、経験論とは異なる、心や知の所与論、生得論ともいえる。

身体は機械

そしてデカルトは身体を、人もあらゆる動物（生物）も含めて「機械」であると規定した。身体は、物理的機械的に作動するものであるという観点であり、現在につながる自然科学一般の機械観の源である。そして彼はこの機械（＝身体）を「オートマトン」、すなわち歯車やバネで作られた、重力を動力とする自動機械システムになぞらえた。

さらに、心身を明確に区分する指標として、言語の有無、自由意思の有無（自覚的かどうか）を挙げた。ここから、動物は言うまでもなく、機械も言語を持たず自由意思で動くことはないという、伝統的な動物観や機械観がもたらされた。このデカルトの指標からは、現在大きな研究テーマとなっている人工知能研究や考える機械を作る試み、コンピュータやロボットの言語や意識をめぐる議論は、まったく無意味のようにも見えるが、日進月歩で進展するこの分野の成果をいかに受け止めるかは哲学上の大きな論点であるのみならず、現在の認知科学での大きな論点である。

さらにデカルトの機械観はいまだに私たちの動物観を大きく左右しているが、この点は心身症（心身相関）をいかに受け止めたらよいかという議論にもつながっている。アニマル・コンパニオンやペット・ロス心因性症候群など、動物と人間の間の新たな事態をどう受け止めたらよいのか。いまや動物の心や共感性の存在を否定できないことは明らかなのだ。

これらの論点は、そもそもデカルトの心身二元論そのものに内在する。

心身問題

デカルトが相互に無関係独立であるとした心身の間には、現実には、深い相互関係がある。デカルト自身その事態を明確に自覚しえたはずである。

例えば手の届く棚の上に乗っている箱を取りたいという場合、身体に何らかの支障があり物理的に不可能な場合以外、必然的に手という身体が動き、その心の意図や望みは、叶えることができる。心身の間には自然な相互関係がある。

しかしデカルトは、相互は無関係であるとした。そうしたいという心の思いと、手の動きという身体との間の相互関係はありえないというのだ。しかしながら、彼自身も相互関係の存在を感じていたのではないだろうか。現実にある心身の間の関係をいかに説明するか。この大問題を「心身問題」という。

デカルトはこの心身問題にとても面白いアイデアを提出している。それは、彼なりの脳のモデルに相当し、機械観（反射に相当する概念）の立場からの心身関係に対する一つの解答となっている。

デカルトの脳のモデル

心の座が脳にあるという考え方は、いまでこそ常識となっている。しかしデカルト以来、実は現在でも、身体の臓器、なかでも心臓をその座とする観点がまかり通っている。例えば心臓の鼓動の有無が生死の重要な判断基準であることも、生きていることの原因である心は心臓にあるという考え方に由来している。もっとも日常的にはあの人は腹黒い、あの人は肝が据わっている、豪胆だ、脛に傷をもつなどなど、他の臓器に求める場合もあるが……。

デカルトと同時代のハーヴィ（Harvey, W.）によって、心臓は血液循環を司るポンプに相当する生理学的器官であることが解剖学的に明らかにされたことから、心の座を心臓とする従来の見解は修正を迫られることになった。これに対してデカルトは、心臓をめぐる血液から立ち上る霧のようなものを動物精気、霊気（アニマル・スピリット）とよび、心の概念に重ねた。この動物霊気は、血流と共に脳に達しそれを制御機関として、全身に張りめぐらされた管（今日で言うと神経機構や血管系）を通して身体各箇所に配分される。そしてその結果、効果器である筋肉を動かすのである。心身相関の事実を、デカルトはこのアイデアのもとで解消し説明、理解しようとした。すなわち脳は、心とみなされる動物精気、霊気を身体各部位へ管を通して分配する分配機関、制御機関と見る考え方であった。

このアイデアは、後の条件反射学などの先駆けのようにもみえるが、デカルトにとってはやはり心に固有の位置づけを与えることが欠かせなかったと理解するべきだろう。この動物精気の考え方は、生気論におけるプネウマ（気息、プシュケー）に重なるものである。管と称された神経系を伝わるものが、動物精気ではなく、電気現象、生体電気現象であるということが明らかになるのはもっと時代が下ってからのことになる。いささかわき道に入るが、簡単にみておこう。

生体電気現象の発見

話はフランクリン（Franklin, B.）が、雷現象は静電気現象であることを実証した実験から始まる。一七五二年のある嵐の夜、雷鳴とどろく中、凧をあげ、その糸に這わせた電線を通して、稲妻をライデン瓶（電気を蓄えるコンデンサーの類）に導いた。そしてその先端にある二本の針金の間をショートさせると火花が飛ぶことから、雷は静電気現象であることを実証したのである。

これに引き続き一七八〇年に、ガルバーニ夫妻（Galvani, Luigi&Lucia）によって行われた実験は衝撃的な内容であった。フランクリンの実験を発展させ、避雷針に結び付けた電線を、切断したカエルの脚の筋肉に結び、脚の一方の端に結んだ電線を井戸の水につける。すると雷鳴とともに流れた雷の電流によって、その死せる脚の筋肉があたかも生きているように収縮した。文字通り死んだカエルが生き返ったかのような起死回生の出来事を目の当たりにした当時の人々はとても驚き、これを追体験しようと多くの人々が検証実験を繰り返したという。

これは、生きていることの背景には生体電気現象があることを示すものであった。プネウマや動物精気、霊気と従来よばれてきたものの実体は、電気現象という物理的現象、物質現象であることが示されたのだ。

なお、この実験から派生して新たな原理の発見があった。ボルタ（Volta, A.）による電池の原理の発見である。ガルバーニは生体電気現象を引き起こす電気は、動物自体の発するもの、すなわち動物電気と理解していた。しかしボルタは、そうではなく性質の異なる二つの金属の間に生じる電位差現象が電気を発生するという理解に達し、現在につながる電池の原理を発見したのであった。電位の単位をV（ボルト）で表すのは彼を記念したものである。

さらにこの発見は、嘘をつく際などの情動変化を司る自律神経系の反応（発汗など、意志でコントロールできない自動的反応）を、皮膚面の電気抵抗の変化による電位変化からとらえる、いわゆるＧＳＲ（ガルバニック・スキン（皮膚）・レスポンス（電位反応））装置（嘘発見器、ポリグラフ）をもたらした。

この驚くべき起死回生の現象が知られて以来、生命を物理現象として理解する道が開かれ、人々の想像力を刺激した。詩人シェリーの後妻となる、若きメアリー・シェリーは『フランケンシュタイン――または現代のプロメティウス』（一八三一）を著した。この物語は、ハリウッドのＢ級映画「フランケンシュタイン博士」（一九三一）によって広く知られている。死体の断片を寄せ集め、雷鳴とともに蘇えるという、生命誕生物語と言うべき物語である。生命を司るのは、物理現象、すなわち生体電気現象であるという、新たな生命観の誕生が背景にあることがはっきりと示されている。そして同時に、心も同様の物質観から捉える道を開いたといえよう。

一八五〇年になると、ヘルムホルツ（Helmholtz, H.）の手で、はじめカエルを用いて、後に人を対象として、神経伝導速度の計測が行われた。神経、つまりデカルトのいう管を伝わるものが非物質な動物精気ではなく、生体電気現象であることを明らかにし、それに止まらず、計測可能で具体的な数値で表される実体をもつ物理現象であると実験的に示したものである。計測結果によると、人の場合、神経伝達速度は時速三〇〇キロメートル程度と見積もられた。動物霊気であるなら、計測不能の速度であるはずだった。

ホッブズの心身一元論

心は推理する

デカルトと同時代のもう一人の哲学者の「心観」をみておこう。ホッブズ（Hobbes, T.）である。彼の考え方をデカルトと対比して「心身一元論」という。もちろん「唯心論」ではない。「物質一元論」、すなわち心身共に機械であるという考え方である。

ホッブズは『リバイアサン』（一六五一）の中で、人を人造人間、自動機械（オートマトン）になぞらえ、心の働きを「推理すること」と規定している。彼によれば、推理することとは、名辞と名辞とを一定の規則にのっとって結び付ける操作であり、その操作をアリストテレス流の三段論法で論じた。すなわち、名辞（文章命題や数字など）、つまり記号と記号とを結び付ける操作、計算であり、それは四則演算（加減乗除）であるといえよう。したがって、推理することとは、計算することであるということになる。心とは計算機である、といえよう。そして、計算を具体的に実行する際の手順は、計算規則（四則演算）にのっとった記号の処理、操作である。

このホッブズのアイデアは、現在の人工知能研究の源流となるものである。そのため、ホッブズは人工知能研究の祖父と例えられている。人工知能研究とは何か、後で少し詳しく言及するが若干以下に触れておこう。

人工知能研究

人工知能（AI, artificial intelligence）研究とは、「考える機械を作る」試みである。その機械とは、コンピュータである。コンピュータは人工知能研究の黎明期から大きく発展し、単に数値を高速度で計算できるだけではなく、数値に代表される記号一般の処理（これも計算である）に有効であることがしだいに明らかになってきた。

記号処理、つまり記号計算をいかに具体的に実現するかというと、記号と記号とを一定の規則に従って処理する手順書、すなわちプログラムを書くことである。このプログラム化は、コンピュータの論理的原型を提唱したチューリングによるチューリング・マシンの、動作手順書（アルゴリズム）というアイデアに基づいている。これを計算可能関数というが、数学的には帰納関数として知られるものである。

こうした人工知能研究のアイデアから、身体ならびに心をとらえる新たなパラダイムが引き出される。それは、コンピュータという機械システム（ハード・ウエア）を身体になぞらえ、コンピュータの指示書に当たるアルゴリズム（ソフト・ウエア）を心に重ねるというアイデアである。

ハード・ウエア（身体）とソフト・ウエア（心）

この考えではコンピュータ本体は、身体に相当する。その中核にあるのが中央演算装置（中央処理機構）である脳であるのは言うまでもない。その他には、入出力装置（受容器と効果器に相当）と、記憶装置とそれらを結ぶ神経機構が基本要素である。そして脳が行うことは記号の処理であるが、その処理の手はずを左右するものが、コンピュータの動作に必須のソフト・ウエア、すなわちプログラムということになる。これが心の営み、考えることや推理することの実体である。このように考えると、心とはこのソフト・ウエアに書かれた記号列であり、手順ないし手続き書と規定できる。

ここで記号の意味概念を規定するルール、すなわち規則とは何か、簡単に案内しておこう。ここで言う規則とは、任意の（無定義の）記号と記号との間の関係を規定する論理関係構造である。例えば記号として数字を考えてみよう。その記号の間の関係を決めるルールとは、演算規則である。すなわちその意味概念は、四則演算(加減乗除)に他ならない。日常言語の場合は、その語と語との間の関係を規定するルールとは、その言語の文法であることは自明であろう。しかし、その語の意味は、文法そのものではなく、語の(狭義)の意味論や語用論で規定されている。この点、数字を例として考えた構文意味論とはまったく異なることに注意が必要である。後に改めて言及しよう。

デカルトもホッブズも心を、考えることや推理することと規定した。そして両者とも同じような機械論、物質観を提唱した。この時代に心をめぐる議論が、物質観に統一されていく感がある。そしてこの機械観は、その後拡大していくことになる。その最初のステップは、従来の哲学的心理学から自立した新心理学の出現である。

その手本となったのは、近代科学革命の影響のもと、十九世紀に入ってドイツで興隆した自然科学、なかでも生理学や物理学、そしてそれらの科学の基盤を支える数学の進展であった。心理学はこのとき以来、科学的実験心理学としての歩みを開始した。その後の展開を次章で簡単に追ってみよう。

◉第五章

精神物理学から生理学的心理学へ

すでに「心理学」という表記の成り立ちからみた「心理学」の成立経緯でヘルバルトに言及したが、彼以降の展開に話を戻すことにしよう。新心理学成立まであと一歩の状況である。

当時の状況を代表するのが、生理学者であったウェーバー（Weber, E. H.）やフェヒナー（Fechner, G.）である。彼らは、いずれもデカルトの心身二元論から提起された「心身問題」の解消に取り組んだ。心身の間には相互に何らかの関係があるのか。あるとするとその関係とはどのようなものか。この関係を示すものが、彼らの提唱した「精神物理学」である。

直接的にはフェヒナーが精神物理学の提唱者といわれるが、フェヒナーの研究の前提にはウェーバーの試みた科学的、実験的取り組みがある。精神物理学は両者の取り組みに帰すべきことといえよう。ウェーバーの取り組みは、従来の哲学的な思索や思弁すなわち、アリストテレス流の主観的な直接の感覚からの立論とは明白に異なり、客観的観察とその結果の計測値の間に存在する数理的論理関係を明らかにする試みである。その論理構造から感覚現象の背後にある心の仕組みと働きを究明しようとするのである。

そもそもアリストテレスがいう「感覚の内にないものは心の内にない」という主張の「感覚（ひいては心）」とはいかなるものであろうか。新心理学は、この感覚現象を解明するために生理学的心理学として始まったと言ってもいいだろう。加えて、デカルトに端を発する心身問題に対して、感覚現象とそれを引き起こす外部の物理的事態との間の関係を具体的に解き明かすことから取り組もうとした。

その昔、筆者が心理学を学び始めた学生時代に真っ先に教授されたのが、各種の感覚現象や知覚現象であった。教科書も、明らかに生理学の記述に満ちていて、心理学のイメージとは程遠いものであった。心理学という学問は、しょせん生理学に吸収されてしまうのか、その固有性はどこにあるのかと、この学問の先行きに漠然とした不安を醸したものである。

こうした不安を払拭するには、そもそも科学的実験心理学がどのような経緯で成立したのかよく知ることが不可欠である。心の科学を目指すにあたって、カントの投げかけた三つの論点の解消如何がポイントであった。そしてそれはおのずとデカルトに遡る心身問題の解消を目指すものであった。この意味で、新心理学が心身の相互関係を究明する生理学的心理学としてスタートを切ったのは、自然ないきさつだったといえよう。

まずウェーバーとフェヒナー両者の取り組みから紹介しよう。

精神物理学の父、ウェーバー

十九世紀に活躍したウェーバーは、精神物理学の父とも言われるドイツの生理学・解剖学者で、ライプチヒ大学の教授であった。彼は、簡単に述べると、物理的事象（外部刺激）とそれによって引き起こされる心理事象（感覚）との相互関係、両者の間に具体的にどのような対応関係があるのかを探求した。心身相互関係に関する科学的実験心理学の先駆けとなる取り組みといってよい。基本的な研究は、二つある。

一つは、触二点弁別閾値を計測する実験である。これによって、身体各皮膚面ごとに感覚（触覚）には感度差がある、すなわち鋭敏な個所と鈍感な個所があることを実証した。この説明としてウェーバーは、皮膚面下に分布する触覚細胞の密度分布、ないし個々の細胞の空間的広がりといった生理学的構造モデルによる説明を試みている。この点で、彼の実験は生理学的心理学の発端ともなった。この成果は、彼の著作『触覚論』（一八三四）にまとめられている。

もう一つが、彼の名を冠する法則、いわゆる相対弁別閾値一定法則（ウェーバーの法則）を導出した研究である。

触二点弁別閾値計測実験

まず、触二点弁別閾値計測実験を説明しよう。ここでは人の身体の皮膚面が受け止める外部からの物理的刺激に対する感覚、いわゆる触覚を対象とする。

例えば、上腕の皮膚面を二か所、コンパスの針のようなもの（触覚計）で触れたとしよう。二か所を均等な穏やかな力で押すと、直接の感覚としては二か所が押されたという触覚が生じる。しかし、その二か所の間に一定の距離をとって押さないと、二か所とは感覚できない。間隔が狭いと一点としてしか感じない。この実験から感覚経験がとらえる外の世界、物理的刺激の世界は、コピーを取るように写し取ったものではなく、感覚に固有の感覚世界であることに留意しなければならないことがわかる。

では、感覚という心の在り方と、身体という物理的事態との間の関係はどのようなものであろうか。

二か所と感覚できるために必要なコンパスの先の間の距離は、もちろん対象者の感覚の鋭敏さや、皮膚面の身体部位によってさまざまである。そこで、ある特定の皮膚面で、コンパスの先の間の距離を確かめることにする。

すると二点と感覚できるのに必要な最小の距離が計測できる。そして実験機器に備わった物差しの数値目盛によって、この距離は数値化できる。実際の計測では、計測の度に値が微妙に変動するが、加算平均によって代表値を算出する（データの変動の程度は、この平均値の周りの散らばりを示す分散、ないし標準偏差値を算出する。数値データの処理には確率論をはじめ、統計学的対応が欠かせない）。

触覚という感覚から心のありようを解く

ともかくこうした数値処理によって、皮膚面上で二か所が押されたと区別できる必要最小限度の距離が算出できる。これを、心理学の専門用語で絶対弁別閾値、あるいは丁度可知差異（jnd, just noticeable difference）値という。

この数値が他の箇所で得られた数値と比べて大きいか小さいかによって、その箇所の感覚の感度が鋭敏か鈍感か判断する指標となる。感覚の感度を、物理的距離に置き換え実体化したという意味で、心身の間の関係を具体的な物理量で明らかにしたことになる。数値が小さいほど鋭敏であることになるが、その差をもたらす心、この場合の触覚という感覚それ自体はどう理解したらよいだろうか。

ウェーバーは、皮膚面上に分布する感覚受容器である触覚細胞の密度、ないし個別の細胞の広がりを考える。短い距離で二か所の区別が可能であるのは、その受容細胞が細密に分布しているから、あるいは個々の細胞の間の空間的広がりが狭いからと想定する。二か所と感覚できるには、二つのそれぞれに異なった触覚細胞が必要なので、それが密に分布しているか、狭い範囲に収まっていると、短い距離でも二か所であると感覚できるという考えである。彼はこうした細胞群を感覚圏という概念で考えた。

もちろん感覚圏の存在を実証するためには生理学的解剖学的検証が必要となるが、当時は検証仮説に止まったというべきであろう。しかしウェーバーの実験は、少なくとも心の源にある感覚が、外部の物理的事態との間にどのような関係にあるか、心身問題の解消を目指す科学的取り組みの一端として、実験的に計測可能な形で客観的に議論する道を開いた。心自体の仕組みとして、まずは触覚を司る細胞群を基に感覚圏というアイデアを提出した点で、新たな科学的実験心理学の先駆けとなった。

ウェーバーの法則

一般にウェーバーの法則とよばれるものは、相対弁別閾値が一定であるという内容である。すなわちこの場合の相対比（ウェーバー比）は、一定の範囲の物理条件に応じて、正の一定の値を取るというものである。

両手で、ある重量の錘をもったとしよう。その内の一方、例えば左手で持った錘の重さを基準として（これを標準刺激と呼ぶ）、右手で持った錘（比較刺激）が、基準に比較して重いかどうかを判断するように求める。回答は、重いか軽いか、いずれかの選択肢で答えるものとする（二択の強制選択）。

仮に標準の錘の重さを一〇〇グラムとする。これと比べて一〇一グラムの錘を持てば右手の方が重いと判断できるとしよう。つまり両者を区別するには、一グラムの差があれば違いがわかることになる。この差が丁度可知差異値、もしくは絶対弁別閾値である。では、標準刺激が二〇〇グラムの場合、違いがわかるためには、何グラムの違いがあればよいだろうか。最初の例と同じように、二〇一グラム、つまり両者の間に一グラムの違いがあれば区別できるだろうか。

あいにく、そうではない。絶対弁別ができる比較刺激の錘の値の差に対する標準の錘の値の比、これを相対弁別閾値というが、この値は標準刺激の錘の重さがある範囲内では、一定になる。この一定の比の値のことを、ウェーバー比という。刺激の物理的条件の違いによって、それぞれの比の値は一定になるが、条件ごとに比の値自体は異なる値となる。

いまの場合で言えば、二つの錘が異なる重さであると判断できるためには、比較刺激の錘の重さは、二〇二グラムでなければならない。最初の実験からみて、一〇〇グラムに対して違いがわかるための一グラムの差は、比でいえば百分の一である。同様に二〇〇グラムの錘と違うことがわかるためには、二グラムの差がなければならない。比の値で百分の一であることが必要だからである。

感覚現象は、物理的条件に対してその量の絶対的な値ではなく相対的な量に応じて

$$(\Delta S/S)=C(>0) \quad ——①$$

ただし、①式のΔSは、絶対弁別閾の値。物理的刺激の最小の差の分量で表される。Sは標準の錘などの物理的刺激量、Cはウェーバー比の値で、正の定数。しかも、分母分子で、物理量を規定する単位は、相殺されていて、この比の数値は単位を持たない絶対数、無名数である。

図5-1　ウェーバーの法則

変化するといぅ法則が存在するといえよう。ここに、心身の間の一つの関係が見て取れる。この関係を、記号を用いて表すと図5-1のようになる。

なお、この①式で明らかなように、感覚と物理的条件の間の関係（心身関係）と言いながら、式に登場する要素はすべて物理量で書き表されている点に留意してほしい。感覚はΔSを決める際の感覚の差を、物理量に置き換えたもので、間接的ながら感覚がもとになる点で、心身関係といってもよいだろう。つまり不可視な心を、物理量に翻訳し実体化したものである。重さが違うかどうかの判断、重量弁別に当たった感覚の違いは、実験で使用した錘の重さに変換された点で、見かけ上はすべて物理量の式であるが、心身関係を示すと言ってよい。

フェヒナー：精神物理学の提唱

以上のようなウェーバーの先駆的実験を経て、さらに検討が加えられる。同じく十九世紀のフェヒナー（Fechner, G. T.）の試みを見てみよう。

フェヒナーは、医学を学んだ後、ライプチヒ大学の物理学の教授に就任した。彼は残像の研究のために太陽光を色ガラスを通して観察し、一時視力を失う経験をしている。残像というのは、物理的な刺激をなくしてもその感覚が残るという現象である。特に光の感覚で著しい。例えばランプを見た後で、目を閉じると原像と同一の位置に像が残る。これを陽性残像という。また、明暗の強いものを見た後、白い壁や紙を見ると、明暗が逆転した像が残る。これは陰性残像という。

残像現象の研究で、強い光によって失明状態となったフェヒナーは療養のため、物理学教授を辞任することになった。人との接触を避け、引きこもり状態になり思索に没頭した。幸い視力は回復したが、以後、意識や宇宙の根本に関心を集中するようになった。そして、精神と物質は一つのもので、全宇宙は一つの意識でもあるとし、その科学的基礎を探求することに取り組み、その結果一八五〇年十月二十二日の朝、ベッドの中で、「精神物理学」の着想を得たと言われている。それは、「身体的活力の相対的増加を、それに対応する心的増加の測度とする」というものであった。この精神物理学は、心身の間の相互関係に関する学問であり、デカルトの残した「心身問題」

への解答案である。

一八六〇年には『精神物理学原論（要綱）』（二巻）を刊行し、物理的刺激と感覚の変化を観察することによる感覚・知覚研究への道を開いた。

ここで直接対象となっているのは、感覚経験とそれを引き起こした物理的外部刺激との関係である。感覚経験と言っても基本的な感覚、すなわち視覚や聴覚、味覚、嗅覚、体性感覚など末梢感覚現象の変化の程度が、それを引き起こす物理的条件の刺激量の変化量との間にある相互関係を明らかにしたものである。

フェヒナーの対数関数法則

彼の「精神物理学」の成果は、フェヒナーの法則と呼ばれる対数法則を導出した。これによってデカルトの心身問題を解いたとフェヒナーは主張した。この法則を導く過程を具体的に追ってみよう。

最初に結論を示すと、フェヒナーの対数法則（精神物理学的関数）といわれるものは、図5-2に示すものである。

感覚経験は、物理的刺激が$S=0$の所から始まるわけではなく、ある刺激量S_0の

$$R=K\log(S/S_0) \quad ――②$$

なお、Rは、感覚量を示す。一方、Sは、物理的刺激量を示す。また、S_0は、R＝0、つまり感覚の始まる絶対閾値に対応する物理的刺激量を示す。

図5-2　フェヒナーの法則

所から生じる。これを絶対閾という。感覚的に外部刺激を受容できる最小の物理量の限界、下限である。また刺激受容の上限となる限界を、刺激頂という。物理的刺激量は、この絶対閾であるS_0の所から、その閾上の物理的刺激量Sに対して規定される。

いずれにせよ、この関係式は、感覚（R）は、物理的刺激量（S）の対数に比例して（その比例定数は、Kと表記）増加する、ということを表している。つまり、刺激量の等比級数（幾何級数）的増大に比例して、感覚量は等分に増大する（等差級数）。すなわち感覚経験内容の分量が一定量で増大していくためには、その物理的刺激量の変化はある一定の比例的増分量であることを要する、ということである。

身近な例で見てみると

いま、財布に少額のお金があるとしよう。この場合は、新たに手に入れたお金が少額でも、懐が豊かになったという感覚を持つことができる。しかし、多額なお金を持っていた場合には、懐が豊かになったと感じられるためには少額ではだめで、かなりの多額のお金を手に入れないと同じような満足感、充足感は得られない。フェヒナーの対数法則はこのようなことに相当する。多くのお金があればある程、お金が増えたという感覚が生じるためには、さらに多額を要することにあたる。

ちなみに、十円で一という満足感があるとした時、二という満足を得るのに、二十円ではなく、百円であることを要し、さらに三という満足を得るには、三十円ではなく、千円でなければならない。四という満足を得るには、四十円ではなく一万円を必要とする。

フェヒナーは、心身の間にこのような関係があることを、論理的に導出した。ところでこれは、彼の主張のとおりデカルトの提起した心身問題を解消するものといえるだろうか。

確かにこの点は、末梢的な感覚経験や、満足感や期待感などの欲望には当てはまる。しかし考えることや創造的問題解決、計画し実行する意志力や忍耐力、行動力といった、心にふさわしいより高次の精神現象の解明とはまた別であろう。心身問題への解答としては、むしろホッブズの心観（推理すること、その前提におかれたアリストテレスの形式論理学）に先見の明があるといえよう。

心身問題の今日における新たな展開（人工知能研究など）はあらためて述べることとして、フェヒナーの法則が導出される過程を追っておこう。

フェヒナーの法則の導出過程

フェヒナーによる心身の間にある関係の究明のプロセスを理解するのに必要な、いくつかの準備をしよう。

まず感覚の程度を表すために、感覚量を示す記号としてRという記号が導入される。すでに物理的刺激の刺激量を、Sという記号で示してきた。ウェーバーの感覚実験では、このSの値をもって、感覚量の指標として代用した。感覚の程度は物理的刺激量に応じて変化するのであるから、その感覚の現れに対応する刺激量Sで代行することには特に問題はないであろう。しかし、この代行には論理的にいろいろ考慮すべき点がある。例えば、刺激量をもって直接の感覚量とすることは可能だろうか。対応関係次第ではないだろうか。感覚量と刺激量の対応が一対一対応ではなく、より複雑な対応関係にあるとすると、相似関係をはじめとする何らかの対応関数を考える必要がある。さらにそうした関数自体が、心身相関を示す関数となるので、その解明が必要となる。

絶対閾値の計測をはじめ閾値を求める際も同じである。閾値関数と言われ、当初ϕ（γ）関数（S字型曲線）と呼ばれたりしたこの数理論理的関係関数は、正規確率分布で考えるのが通例である。各種物理的変量があっても、中心極限定理や大数の法則から、正規確率分布で近似することが論理的に可能である。

感覚が生じる際の必要最小限の物理的刺激量、これは絶対閾値と呼ばれ、このϕ関数（正規確率分布）に対する反応出現確率から求められる。この反応確率は、通常〇・五と定義されることが多い。絶対閾は、ある刺激を検出（認識）できるかどうか、その境目となる最小値のことであるが、その境界点をどのように決めるのかは問題となる。意識や注意のレベルは絶えず微妙に揺れ動くし、疲労や飽きなどでも変動するからである。そこで、この閾値の変動を確率分布ととらえ、刺激の認識の確率がちょうど半々、〇・五になるところを通常は閾値とするのである。

さて、フェヒナーのアイデアに話を戻そう。

$\Delta R = K(\Delta S/S)$ ——③

フェヒナーは、この③式から、感覚の増分ΔRのさらに小さな増分量を、dRと書き、一方の物理的刺激量の絶対弁別閾値ΔSの微小量を、dSと書き、次のような④式へと書き替えた。

$dR = K(dS/S)$ ——④

すると、この④式は、微分方程式の形式となる。そこで、両変数分離形であるこの両辺を積分すると、この微分方程式を解くことができる。すなわち、

$\int dR = K\int (dS/S)$

この一般解は、以下の通りである。

$R = K\log S + C$ ——⑤

なお、Cは、積分定数である。
さらに、初期条件を入れて、特殊解を求めると、その解は、すでに紹介した②式が求まる。まとめて言うと、感覚の変化量（R）は、物理的刺激（S）の対数に比例（比例定数K）して変化する、という内容である。なお、数学的に言うと、⑤式の対数は、自然対数（底は無理数e）であるが、Kは、常用対数（底を10とする対数）へ定数変換した変数を含む。

図5-3　フェヒナーの法則の導出過程

フェヒナーは、感覚量（R）の変化量をΔRと記し、この変量は、感覚次元上では一定の値、すなわち等増分（等差）量で増加すると想定した。

これに対して、外的物理刺激量（S）は、先のウェーバーの相対弁別閾一定法則（①）に比例して変化するとした。この比例係数を、Kと記すことにする。

そして、感覚量Rの増分ΔRと物理量Sとの間には対応関係があると仮定した。そして図5-3のような変換を行う。こうして得られた対数法則（⑤）が、フェヒナーの精神物理学的関数（フェヒナーの対数法則）である。

ただし最新の議論では、③式から④式への置き換えは、数学的には必ずしも適切ではないとされる。③式は正確に言うと「差分方程式」であるので、これを解くことが数学的には求められる。④式のような微分方程式に置き換えるには、dSについてはいいとしてもdRについては、連続量、実数ではないので、微分可能な連続量ではない。いかに微小とはいえ、ΔRは一定間隔の増分量である。したがって、ΔR上の変量は不連続、すなわち連続していない。

こうした論点から、現在フェヒナーの積分問題などが提起され、数学的解決に向けたいろいろな取り組みがある。さらに実際の感覚現象と物理量の相互関係を実験に基づき再現できるのか、実証的な取り組みから修正法則が提唱されたり、さらにその後にスティーブンス（Stevens, S. S.）の「新精神物理学」の提唱などがされている。

さて、世界の新心理学の成立経緯に入る前に、日本での哲学的心理学の移入後の「新心理学」の受け入れと、その後の時代的変遷、ならびに具体的な内容がどのようなものであったのか見ておくことにしよう。

◉第六章

日本の心理学

第三章で「心理学」という現在では当たり前になっている表記の成立には、謎があることを述べておいた。それはともあれ、日本に「心理学」を紹介した立役者は、近代諸科学の分類体系化に大きな役割を果たした西周であった。

その後、明治政府の手でなされた高等教育機関、なかでも大学の整備が「心理学」を我が国に根付かせるのに大きな役割を担った。もちろんそれ以前には、江戸幕府における多種の教育制度や機関に加えて、西自身も開設した私塾を基盤とする私的な学校に当たるものが各種存在した。中でも以後長い経緯を経て大学化する私立学校は、西欧文明の受容に当たって大きな役割を担っていたことを忘れてはならない。

1868年（明治元）	6月：医学所（西洋医学所）、昌平学校（昌平坂学問所）を復興。 9月：開成所（洋学研究の主要機関）を復興。昌平校をもって、開成所、医学所を管轄。
1869年	6月：昌平学校を大学校と改称。 12月：大学校を大学と改称。これにともない、開成所を大学南校、医学所を大学東校と改称。
1871年	7月：大学を廃して文部省を設置。 これにより、大学南校は南校、大学東校は東校に、改称。各々は独立。
1872年	学制改革により両校を一時廃校とする。 同年10月：南校を再開。
1873年	8月：学制の公布。 南校を第一大学区東京第一番中学、東校を第一大学区医学校と改称。
1874年	4月：第一大学区東京大一番中学を、開成学校、第一大学区医学校を、医学校と改称。学制二編追加。専門学校の規定を定める。 5月：開成学校を、東京開成学校、医学校を、東京医学校と改称。この東京開成学校の1876年の教授職に外山正一（1848～1900）の名がある。ただし、その担当科目についての記録はとくに残されてはいない。 9月：学科課程を規程。
1876年	7月：学科目改正。
1877年	4月：東京大学開設。東京開成学校、東京医学校を合併して東京大学と命名。法・理・文（4年課程）、医（医学科は5年課程、製薬学科は3年課程）の4学部制とした。その文学部教員リストにある3名の教授の中に、「心理学及英語」担当教授として、あらためて外山正一の名がある。この外山の担当した「心理学」は、しかしながら従来の哲学的心理学であったと言える。

表6-1　東京大学の開設

明治政府による大学の整備

まず、幕府の各種機関を基に、明治政府の手で再建された教育機関から東京大学が開設されるまでの経緯を追ってみよう（表6－1）。

表中に見られるように、東京大学開設に際して「心理学」を担当したのは、外山正一であった。外山の略歴をみると、幕末に幕府派遣による英国への留学経験を持ち、さらに渡米経験がある。その際はミシガン大学で哲学や理学を学んでいる。この科目は哲学的心理学と深く関連するものといえよう。その後東京大学開設の際には、表に記したように、心理学と英語の担当者であった。さらに一八八一（明治十四）年、学部長制の発足に伴い初代学部長に就任（この時点で社会学、心理学を担当）、一八九七（明治三十）年には東京帝国大学総長に就任。また翌年には、伊藤博文内閣の文部大臣を務めた。

以上の経緯からみて、我が国の高等教育機関に心理学が位置付けられたのは、少なくとも東京大学という当時の唯一の国立大学であった大学の開設時点にまで遡ることができる。「心理学」は由緒ある科目である。もっともその内容は、従来の哲学的心理学であって、新心理学ではなかった。

なおこの間に、多くのお雇い外国人教師の手で、哲学的心理学に相当する科目が開講されていたことも知られている。

新心理学の担い手：元良勇次郎

では、科学的実験心理学である新心理学の開設者は誰であったのか。それは元良勇次郎（一八五八〜一九一二）である。

彼は、一八八八（明治二十一）年、留学先のアメリカのジョンズ・ホプキンズ大学のホール（Hall, G. S.）のもとで哲学博士の学位を取得した。そして、その直後帰国し、当初は東京英和学校（現、青山学院大学の前身）の校主（校長）となった。しかし当時の帝国大学教授に「進化論」の講演を依頼したことから、学院の教会関係者からの批判にさらされ、これを知った学生たちによる擁護と抗議運動によって学園紛争になり、その責任を取って最終的に辞任することになる。

一方で帰国直後の一八八八年九月には、当時の帝国大学文科大学の講師として、「精神物理学」を担当している。この精神物理学は、すでに紹介したウェーバーやフェヒナーによる精神物理学そのものであった。

この元良の講義は、これら精神物理学を基盤に置き、彼自身が工夫した実験装置な

1858年	兵庫県有馬群三田に藩士杉田泰次男として誕生。
1875 -79年	同志社英学校入学、退学、上京。学農社農学校（津田仙開設）で教鞭を取る。
1881年	耕教学舎(東京英学校、後東京英和学校、青山学院の前身)、教員兼経営者。同年元良米と結婚（津田夫妻媒酌）、改姓。
1883年	ボストン大学へ留学。
1885年	ジョンズ・ホプキンズ大学へ転学。その当時の日本人留学生佐藤昌介・新渡戸稲造・長瀬鳳輔らと交流があった。その彼らの集合記念写真も残されている。なお、佐藤は後の北海道帝国大学の初代総長となる人物である。また、新渡戸も、北大教授として、太平洋をはさんだ東西の架け橋となった。
1888年	ホールのもとで、Ph. D. 取得。帰国。東京英和学校校主。帝国大学文科大学講師に就任し「精神物理学」を担当。
1890年	帝国大学文科大学教授就任。
1893年	帝国大学に講座制が導入されたのに伴い、心理学・倫理学・論理学第一講座教授となる。同第二講座教授に中島力造が就任。なお、元良勇次郎と中島力造は、同志社英学校時代の同級生である。また、社会学講座教授は、外山正一であった。
1903年	精神物理学実験室（及研究室）（心理学実験室）開設。
1904年	哲学科（心理学専修）として独立。卒業論文の規程。外遊、ヴントに会う。
1912年	死去。

表6-2　元良勇次郎の略歴

どを用いた実習を主体とした講義であった。この点は、当時彼自身が大学に提出した「講義申報」に講義内容、その実験項目と受講学生数などの記録が残されているので、知ることができる。それによるとまさに彼は、科学的実験心理学である新心理学を大学において担ったことになる。

そして、一八九〇年には、帝国大学文科大学の専任教授に就任し、以降日本の新心理学の開設者、担い手として、病気のため亡くなるまで、現役として生涯を送った。略歴は表6－2の通りである。

元良勇次郎の「精神物理学」

当時の『哲学会雑誌』に元良勇次郎の精神物理学の論説が、全十二回にわたって掲載されている。彼の理解した精神物理学の詳細を知ることができるので、そのタイトルのみであるが以下に記そう。

大部分の回で、文末には〈未完〉と記されている。第十二回も未完で、結局その続きは存在しない。

第一回：総論
第二回：タイトルなし
第三回：眼の構造大略
第四回：タイトルなし
第五回：意識の性質を論ず

第六回：意識の性質（続き）
第七回：注意（Attention）
第八回：注意試験法
第九回：「リズム」のこと
第十回：「リズム」のこと（続き）
第十一回：観念の同伴
第十二回：観念の同伴（続き）

以上からみて、我が国の新心理学の事始めは、ウェーバーとフェヒナーの精神物理学がもとになっていることがわかるだろう。ちなみに元良勇次郎の学問的関心は、単に心理学に止まらなかった。同志社時代以来の物理学や数学などの自然科学への傾斜と、ホールのもとで行った学位論文のための研究にあたっての幅広い関心をみれば、心の科学としての壮大な体系化を目指していたことがわかるだろう。

元良は一九〇三年には、精神物理学実験室、心理学実験室を開設し、科学的実験心理学の研究と実践の場、教育の場などの整備を図り、本格的な心理学の普及を図っていく。このときには彼の最初の弟子で、同志社の後輩でもあった松本亦太郎の尽力により、研究室の設計、実験機材や専門図書の購入などが実現した。

元良最初の弟子、松本亦太郎

元良とともに日本の心理学の黎明期を担った松本は、一八六五年群馬県高崎に生まれた。同志社に入学したが途中で転学し、第一高等学校から帝国大学文科大学哲学科に入学した（一八九〇年）。元良勇次郎の下で心理学を学び（一八九三年卒業）、引き続いて大学院へ進学。さらに学びを深めるため、時あたかも来日していたイエール大学のラッド教授（哲学教授、著書『生理学的心理学要説』（一八八七）がある）に留学の意志を伝え私費留学をした。イエール大学ではスクリプチュアー（Scripture, E.W.）の下で実験心理学を学ぶ。その後彼の助手も務めるが、文部省派遣留学生の資格を得て、新心理学の開祖であるドイツのヴントのもとでしばらく心理学を学んだ後、イエールに戻り学位を取得した。一九〇〇年に帰国、東京高等師範学校（現、筑波大学）教授となった。東京帝国大学の講師も勤め、実験心理学、ヴントの心理学概論の演習を担当している。

なお、一八九七（明治三十）年に我が国二番目の国立大学として京都帝国大学が開設されたのに伴い、帝国大学は東京帝国大学と改称した。その後、一九〇六年になって松本は、京都帝国大学の心理学講座の主宰者となった。さらに一九一二（大正元）年、元良勇次郎の死去を受け、東京帝国大学心理学研究室の第二代教授に就任する。以後、日本の新心理学は彼の手に委ねられた。後に項をあらためて言及しよう。

福来友吉、日本の臨床心理学の挫折

一方、東京帝国大学では、一九〇六年の松本の転出を受け、同じく東京帝国大学から学位（文学博士）を取得し大学院を修了した福来友吉が文科大学講師に就任する。担当科目は「変態心理学」であった。

福来の学位論文は、「催眠術の心理学的研究」であった。この学位取得は課程博士号である。つまり大学院博士課程で論文を書き、審査を受けて授与されたものである。さらに二年後の一九〇八年には、助教授に昇任した。彼は変態心理学、現在の「臨床心理学」の担当者として、この分野の確立に取り組むことが期待されていた。

実験心理学、科学的心理学の展開についてはさておき、福来の取り組んだ「催眠術」は、ことにヨーロッパで取り組まれていた「メスメリズム」の伝統を引くもので、すでに外山正一によっても言及されていたと言われるように、哲学的心理学以来の伝統的研究分野でもあった。当時、新心理学と共に、この分野においても新たな展開が求められていた。精神医学や精神病理学の発展などを背景に、新たな精神科学としての異常心理学とでもいうべき学問、また今日の臨床心理学を確立することが求められていたといえよう。

メスメリズムとは、ドイツのメスメル（Mesmer, F. A.）を創始者とする十八世紀に広まった考え方である。宇宙に充満するなんらかの流体が神経系に作用しているとし、その作用が妨げられるのが病気であると考え、その流れを正常化することで治療できるとするのである。またこの流体をある種の電気ないし磁気の作用とも考えていた。流体の流れる場所をさすると病気が治るという、信仰にも近いものでもあったようだが、後の催眠術療法などの先駆となった。一方、その科学的実証や検証可能性には大きな疑問が残っている。

臨床心理学は、帝国大学の学問体系に当初から位置づけることが図られていた領域でありながら、日本の心理学の展開の中でこの分野の整備確立は、第二次大戦後、むしろ最近になってようやく形をなしたと言ってよい。さらにいえば、多くの人にとって心理学とはこの臨床心理学を意味しており、元良や松本の手で創設された科学的実験心理学こそが日本の心理学の実体であることは、あまり意識されていないように思う。

その上、さらに事態を複雑にしたのは、市民講演会などで人気の高い演者でもあった福来が、「透視」や「念写」といういわゆる「千里眼」と称された超感覚現象（ESP: extra sensory perception）を演題にしていたことだった。

この透視念写は、当時発見されたレントゲン線になぞらえてx線を発生する目で見えるのだとされたり、あるいは身体からラジューム線のようなものが発せられそれを写真に撮るというようなものであった。福来は、国内のある婦人の存在を人伝に紹介され、彼女に関わる現象を検討することになる。その検討結果の講演記録は、雑誌『心理学通俗講話』第四篡（一九一二）に「千鶴子の透視」というタイトルで掲載され、福来と日本の心理学の運命に大きな影響を与えることになる。

科学的、客観的に検証できない現象

超感覚現象への興味関心は、現代でもジャーナリズム、ことに週刊誌やTV番組の格好の話題である。血液型性格判断なども同様である。ちなみにこれらの現象に対する科学的な検証実験は、いずれも科学的に検証、再現できないという結論を導き出している。この種の現象に対する客観的な帰結はない。

仮になんらかの神秘な現象があったとしても、その原因を、特定の神秘な心の作用に帰着させることは、科学的にきちんと検証でき確認できたとはいえない。そうした現象自体があるとしても、それを科学的に透視や念写に確定的に結び付ける根拠はないと言わざるを得ない。

それは単に科学的に検証できないだけで、不思議な心の能力はあるのだ、という反論がなされるかもしれない。果たしてそうだろうか。本当（?）の原因がいまだに明らかではないということが科学的帰結である。当然それは、その原因を一義的にかつ決定論的に透視力や念写力に帰着しえたことを意味するのではない。その不思議な現象を解釈して不思議な心的能力、透視や念写など超感覚現象（いわゆる第六感）と結び付ける根拠は見出されなかった、ということである。

その他にも行った実験自体に内在する原因、例えば実験に影響する制御されていない条件の混入を想定しなければならない。実験に先立って何が影響するかわからない場合、ありうるそうした要因をなるべく確率的に均等にするなどの実験計画上の工夫がなされなければならない。例えば、想定可能な要因をランダムに割り付けるなどしなければならない。他にも、実験室効果という対象者に影響する要因もある。実験者の態度や言葉遣いもそうであるし、いきなり見慣れない研究室に招き入れられて、対象者が当惑し冷静でいられないということもある（後光効果、光背効果という）。さらに対象者自身も回答に際して、こんなこと言っていいのかと自重し、本心とは違うことを答えることもあれば、誇張したり、偏った回答をすることもある。したがって、得られたデータには偏りや歪みが必然的に含まれ、そのまま無批判に解釈すると実体とは程遠い結論が導かれたりすることになる。

さらに最近の研究で注意しなければならないのは、データ処理にPCが容易に利用できることである。統計ソフトも容易に手に入るし、高度な計算も瞬時に処理してくれる。そのため統計ソフトを使用して、得たデータの数理構造を無視した処理を行い、何かすごい結果が出たかのようにレポートしてしまうケースがある。悪くするとデータの捏造と言われかねないような報告をすることになってしまう。

いうまでもなく、単に面白さや神秘なものへの好奇心から、透視や念写と称される現象の原因に不思議な能力があるのだと、いきなり断定することには、よほど慎重でなければならない。

科学的認識とは本来そうした慎重な営みである。千里眼の現象を科学的見地から言うと、仮にある現象が起こっていることが確かだとしても（このことも確証できるかどうかさらなる検証が欠かせないが）、その原因の特定に向けてさらに検証がいるという結論に止まらざるを得ない。それ以上でもそれ以下でもない。いたずらに好奇心を煽り立てる立場に、科学者はないのだ。

しかし福来は、千里眼の現象を自分で確かに確かめたと言い、こうした神秘な力の存在を「信じた」。もちろん、彼の信念は彼自身にとどめ置く限り、問題ではない。しかしそれを科学的な真理とするには、その実証や確証を客観的に手に入れる必要がある。彼なりにいろいろ実験的検証を行うが、時には透視対象を入れた筒がすり替えられたと言わざるを得ない事態もあり、また福来以外の大勢の面前での公開実験を当人が忌避したことなどもあり（単独の場合は実験可能というのだが）、客観的観察とは言いかね、立会人の専門家を説得できるものではなかった。

そうこうするうち、社会的な好奇の目にさらされ、いろいろという人もあったのだろう。強い心的プレッシャーにさらされたためか、千鶴子当人が不幸にも自ら命を絶つという事態になった。そしてそれゆえさらに社会的にも大きな話題となった。その結果、ことの真偽についての科学的判断は保留され、確証の有無も明らかでないまま再検証も中断された。こうした次第で、実体は不確定のまま千里眼などの超感覚現象への科学的取り組みは、むしろタブーの対象となってしまった。

福来は東京帝国大学助教授のまま休職、その後退任することになる。そのため、日本の学問の規範を担った帝国大学における臨床心理学の位置づけは不確実なものとなり、戦後の新たな展開までこの分野の確立は、民間での動きはさておくとしても、制約されたままであったといってよいだろう。

日本の心理学者の団結

日本心理学会の発足

一九一三（大正二）年、元良の後を受けて、松本亦太郎が、東京帝国大学教授として就任する。この年、ヴントの下に留学していた桑田芳蔵が帰国し、東京帝国大学文科大学の講師に就任し、ヴントの民族心理学が我が国に導入される。その後、群衆心理学、社会心理学へ関心を広げた桑田は、松本の後、東京大学の心理学第三代教授となる。一九一八年には東京帝国大学文科大学内で、それまでの心理学・論理学・倫理学第一講座から心理学科として独立する。

また一九一八年の大学令公布により大学（旧制）化した私学も、一九二〇年以降着実に増加した。もっともこの大学令は、大学設置に当たっての要件が極めて厳しく、私学撲滅令とさえ言われたが、一九二〇年には、慶應義塾を突破口に、早稲田、明治、法政、中央、日本、国学院、同志社が帝国大学と同等の旧制大学として発足するに至る。大正年間で他に十四校を数え、昭和七年の段階で三校増加し、上智や関西学院が旧制の大学となった。

もちろん、国による高等教育機関としての大学が設置されるはるか以前から、多くの私学が創立され、心理学関連の科目が広く講じられていた。その担当者は独自の海外留学で学んだ者や、元良勇次郎の指導者であったホールの下で学び学位を取得した者、東京帝国大学卒業生が出身の私学に戻って担当者になった者たちであった。

かくして、心理学の専門家のみならず、心理学を学んだ出身者が少しずつであっても増大し、それぞれに場を得て、全国に広がっていくことになる。

そうなると、心理学の専門家としての活動の場を整備することが必要になってくる。元良らなりを囲む私的な師弟関係によって組織された研究会から、より広く開かれた公共の研究発表の場や機会となり、機関誌の発刊も行う、いわゆる学会という組織の整備が緊急の課題になる。

その一方、社会に対して心理学を広める機会として講演会や講習会も開かれていた。そうした中で最も関心を呼んだのが、「心理学通俗講話会」であった。その講演記録を掲載したのが、『心理学通俗講話』誌に他ならない。

専門家集団による各自の研究発表の場は、「心理学会」という名称で、それぞれの時代ごとに、繰り返し組織されてきた。機関誌『心理学研究』の発刊組織としての心理学会も早い時期に設置された。さきの雑誌『心理学通俗講話』は新心理学者たちの研究内容を一般の方々にわかりやすく記した講演記録である。一方、さらに専門家向けに発刊された機関誌はその後『心理研究』誌として大正年間を通して刊行され、さらに『日本心理学雑誌』(京都帝国大学版、東京帝国大学版)との統廃合などを経て『心理学研究』として現在に至るまで発刊されている。

『心理学研究』の発刊母体となる「日本心理学会」の結成の由来は次の通りである。

現在手に入る記録によれば、「日本心理学会」は、一九二七（昭和二）年四月七日に発足した。当初「日本心理学会」の名で年度大会の開催通知がなされたが、これは準備不足もあり、時期尚早であった。あらためて一九二六（大正十五）年十二月に、松本亦太郎を有志代表として、彼の名で、「全日本心理学大会開催について」が通知された。それが、一九二七年のことである。この大会初日、予定の研究発表の終了後、会員総会が催され、事前の準備に従いあらためて「日本心理学会」の設立が原案の通り承認され、有志代表の松本亦太郎が会長に推薦された。またその他の役員も本人に確認後決定された。この大会が、日本心理学会第一回大会である。それ以降については、二年に一度の開催で、次回を京都での開催となった。

この他の建議として、高等師範学校及び（旧制）高等学校に心理学研究室を設置することとし、これも具体化された。現行の高等学校にはあいにく、特定科目を除いて正式な心理学のカリキュラムはない。

その他には、心理学会設立の報告を現在の東京都青山墓地の一角にある元良勇次郎の墓前に報告するという一幕もあった。

研究発表の一端を紹介すると、第一日は、主として「心理学の根本問題並びに知覚の方面」、第二日は「学習及び知能の問題」、第三日目は「芸術及び社会心理学の方面」、最終日は「心理学の生理学的、病理学的方面」に内容を分類し、全員が発表を聞くというものであった。

以来、二〇一四(平成二十六)年には第七十八回大会を迎え、同志社大学を主催校として開催された。一九二七年以来八十七年を経過している。経過年数と大会回数の数字が重ならないのは、戦前は隔年の開催であったことと戦中戦後の諸般の事情のためである。

戦中の日本心理学会

戦中、戦後の事情とは次のようなものであった。

戦前、日本心理学会第八回大会(一九四一年四月三~五日、九州帝国大学主催)が歴史的転換点となった。すでにこの年の初め頃から、若手の会員から学会刷新の私案が提起されていたのに加え、我が国内外の社会情勢が、日本の心理学会の大きな変化の決め手だった。

当時、応用心理学会、関西応用心理学会、そして精神技術協会と分かれていた諸学会が、それぞれに解散し、新たにこの年の七月二十日をもって「心理学会」として統合されることになった。統合学会の組織運営は、旧日本心理学会役員が主に当たったが、その六つの下部組織の一つには軍事部会（軍事心理学に関する諸問題を扱う）が置かれていた。この統合学会は一九四二年に第一回大会、翌年に第二回大会を開催したものの、一九四四年の第三回大会（京都帝国大学主催予定）は、戦争のため中止された。

この間、『心理学研究』は、新たな学会の機関誌として十八巻まで継続刊行されたが、一九四四年には十九巻第一編をかろうじて発刊したものの、物資不足のため刊行不能となり休刊、会員のひとりは「そこで息絶えた」と表現している。

そして敗戦の翌年、東京大学を会場に「心理学会総会」が開かれる（一九四六年九月二十二日）。この総会で「心理学会」の解消と、それぞれ旧組織に戻されることが決められ、以後、日本心理学会は現在まで継続して大会を開催している。機関誌『心理学研究』も、不足していた用紙の支援を申し出る人物が出たりしたが、継続刊行の再スタートを切ったのはようやく一九四九年六月のことだった。これ以降、大会主催校も慶應義塾大学（一九四九年度）や早稲田大学（一九五〇年度）など、私立大学も大会主催を担当して行くことになる。

戦後の日本の心理学の復興

京都実験心理学セミナー

戦後の日本の心理学の再生と復興を考える際、忘れてはならない特別な機会があった。それは京都実験心理学セミナーである。このセミナーは、当時の参加者にとっては忘れ得ない機会として記憶されていたに違いないが、心理学関係者にさえ、そうした機会があったことすら知られていないのではという懸念がある。

幸い、当時の最年少者の参加者の一人であった大山正元東京大学教授から当時配布された貴重な史資料の提供を受けることができた。その後筆者がロックフェラー・アーカイブの保管資料から確認した内容と合わせて、若干の紹介を試みよう。

このセミナーの参加者は、基本的には国内の若手研究者から選抜された三十名であった。このセミナー関係者ともども、彼らは以後、日本の心理学の戦後第一世代となり、各所属先大学の主宰者となるのをはじめ、日本心理学の各分野で実験心理学の担い手として活躍することになる。セミナーで講じられた当時のアメリカの最先端の内容を、資料から簡単にたどってみよう。

セミナーでの講義項目

講義項目を見ると、当時のアメリカ実験心理学の事情をかなり包括的に紹介するものであったことがわかる。心理学の伝統的な分野である、感覚・知覚心理学の細かなテーマをはじめ、その基盤である生理学的心理学への言及もある。一方では、行動論へも等しく対象を広げ、さらにこれらに共通することとしての数理モデル、数理論理関係からのアプローチもある。その一つの典型は、数学者から転じ、数理心理学の研究を行っていたルナバーグ（Lunaburg, R. K.）の視覚世界の幾何学的空間モデルの検討であろう。

セミナーは土日を除く、一九五二年八月四日~二十六日の十七日間、京都大学を会場として継続して開催された。セミナーに当たっては、事前に読むべき文献も指定されていた。アメリカ流の、研究内容をめぐる科学的討論、自らの論点を基にした発表と参加者との間の論争というべき議論がたたかわされるハードなものであった。

スケジュールと内容は、以下のとおり。

初日は、開講式と序論。

第二～五日は、視覚生理学を取り上げた。その内容は、視感度曲線、二重視作用説、吸収曲線、暗順応、フリッカー、視力、網膜の光化学反応、視覚の電気生理学などであった。

第六～十二日は、視知覚の講義であった。内容は視角、単眼運動視差、干渉（interprositon）、実体鏡視、運動知覚、知覚の範囲、知覚と有機体の条件、形の知覚、図形残効など。

第十三日目は、視察に訪れた東北大学の本川弘一教授自身の手でデモンストレーションをしてもらい、色彩対比の研究の紹介、ならびに質疑応答があった。

第十四～十六日は、学習の問題を扱った。オペラント条件付けの説明後、確率論的学習理論で知られる数理心理学者エステス（Estes, W. K.）、行動理論の体系化に尽力した新行動主義者のハル（Hull, C. L.）の学説説明と批判を展開した。グレアム自身と共同者による研究の説明もあった。

第十七日目は、閉講式であったが、その前に一時間、難しいというので最後まで先送りされていたルナバーグの「両眼視知覚の数学的解析」の説明があった。

物理的世界の幾何学と心理的空間の幾何学

ルナバーグが提唱したアイデアの骨格を簡単に紹介しよう。まず、物理的空間概念と心の世界を構成する心的世界、心的空間をきちんと区分する必要がある。

物理学的空間概念を代表する幾何学は、ユークリッド幾何学である。その内容の一部は日常の空間概念としてなじみのものである。例えば、空間を構成する軸は、上下、前後、左右の三本の直交する軸（直線）でできているというのが、ユークリッド幾何学のモデルである。ここでは直線とは、空間の基本単位（無定義語）である任意の点と点を結ぶ最短距離の線分と定義される。

ただし、この「点」なるものが、無定義語であることに留意する必要がある。そうした無定義語の間に導入されたルールが、空間の概念や意味を決めるのである。例えばユークリッド幾何学では「直線」とは、まさしくこの点と点との間のルールによって、二点を結ぶ最短の線分と規定される。このことは、身近な空間の概念も、その意味を規定するのは、こうしたメタ語同士の関係を規定するルールであることを象徴的に示している。これを前述のように構文意味論と呼ぶ。経験内容から得た帰納法則ではない。無定義語で規定された公理から論理的に導出される定理などが演繹され、そうした演繹命題の総体として演繹的に得られる意味規定なのである。

そして、その直線が二本直交してできる空間を「平面」、二次元空間と呼ぶ。さらにこうした面が三面互いに直交してできる空間が、日常の行動空間である物理的空間、つまり上で述べた三本の軸で構成される三次元空間、すなわち「立体」の世界である。さらに、任意の直線外の一点を通り、この直線に平行な直線が一本引けるという、いわゆる平行線の公理とよばれるものもご承知だろう。これらを統合すると、三角形の内角の和は一八〇度になるとか、直角三角形を構成する三辺の間にはピタゴラスの定理が成り立つなどよく知られた性質が導きだせる。この空間における幾何学をユークリッド幾何学という。

心理空間の幾何学

一方、私たちの目に写る、物ごとの認識を形作っている心理的空間は、外界（物理的幾何学空間）のコピーではない。心的世界は心によって内的に再構築された世界である。したがって、その空間の幾何学は、ユークリッド幾何学とは違う幾何学が成り立っている世界であるかもしれないのだ。果たして心的世界を形作っている幾何学とは、どのような幾何学であろうか。数理論理的にこの幾何学に相当するモデル、論理的予測としてありうる可能性は、基本的に三つある。

すでに言及したユークリッド幾何学の他に、双曲線幾何学と楕円幾何学の二つである。後者の二つを総称して、非ユークリッド幾何学という。

非ユークリッド幾何学では、平行線の公理が成り立たない点、またそうした公理系であっても他の公理と矛盾しない新たな幾何学が成立するという点に共通の特色がある。幾何学の研究者は、この平行線の公理は、他のユークリッド幾何学の公理から証明可能な単に定理ではないかという疑いから、その打破に生涯をかけたあげくに悲劇的な結果に終わった研究者も多い。

ともあれ、平行線の公理の成り立たない（平行線は一本も存在しないか、無数に存在する）新たな幾何学が導入可能なのであり、それが双曲線と楕円の二つの幾何学である。例えばアインシュタインの唱えた時・空間四次元世界は、双曲線幾何学の世界である。

ようするにこれらの幾何学は直線ではなく曲線、そして平面ではなく曲面、つまり曲がった面から構成されている。この曲がり方を正確に表現すると、曲率という概念が必要になる。その曲がりの方向を凹凸などで表現し、それらの総合的曲がり方を総称した全曲率の値の正負でいうと双曲線幾何学は負の曲率空間（K＜0）であるという。すぐにわかるように、われわれの住む物理空間である地球自体は平面ではない。丸い立体である球体である。したがって、地球上では、直線といっても二点を結ぶ直線は実は曲線に他ならない。局所的には平面であると言ってもよいが、広く見れば曲がっている。地球上の移動を考えてみると明らかなように、飛行機であろうと、船舶であろうと、その地表上を沿うように曲がっていかなければ目的地に到達しない。この曲がりを総称した全曲率で言うと、正の曲率空間（K＞0）である。この幾何学が楕円幾何学である。

一方、私たちの目に認識されるこの視覚空間は、つまり感覚・知覚される心的世界の幾何学的構造はどのようなものか。これは物理学の問題ではなく、心理学の問題として残されることになる。

身近な経験を考えれば、私たちの視覚に写る事柄は、左右、前後、上下の三つの軸で構成されたいわゆる三次元空間に存在する。こうした空間をユークリッド幾何学空間ということは前述の通りである。地球上というそもそもは楕円幾何学空間に存在しているとはいえ、身近な生活空間は範囲の極めて狭い局所的な空間であって、その範囲においてはユークリッド幾何学空間が成り立つということは周知であろう。

しかし、注意深く日常に現れる現象を観察してみると、ユークリッド幾何学の基本法則が成り立っていないことにも気付く。並木道の両側に並行に並んだ木立は、遠くに行くと地平線に向かって一点に収束するように見える。これは不思議ではないだろうか。それとも単に奥行き感やものの遠近感ということで、当たり前で自然なことであろうか。

鉄道の線路を考えるとわかりやすい。二本の線路は、当然並行に配置されている。そうでないと電車は脱線してしまう。しかしその線路もまっすぐに地平線に向かっていくと、一点に収束するように見える。では電車も一点に縮まってしまうのだろうか。その電車の乗客の運命は?　こんなことで不安のあまり電車には乗らないという人はいないだろう。

私たちは明らかに、心的に写し取られた世界は、物理世界の単なるコピーではなく、認識固有の仕組みで再構成された認識世界であると無自覚であっても理解しているのである。

こうした心理的諸現象を、錯視現象とか錯覚というが、この語感が示唆するように、間違いであったり物理的事態を不正確にしか捉えられないということなのだろうか。そうではないだろう。認識の固有の機能と、心的に創造的に構成した物理的世界の再構成という、心の能動的関与こそ認めるべきことではないだろうか。

ゲシタルト派の心理学者は、錯視図版を意図的に各種作成して、人の目を驚かせるが、それが目的でも趣味でもない。図版から喚起された不思議を通して、そもそもの認識の背後に働く心的な固有の機能に注意を向けさせることにこそ主旨がある。だからこそ、これを高度に抽象化していくと視覚芸術作品ともなるし、その心的仕組みの解明を通して、映画の原理を発見したことをはじめ、創造的活動の秘密の解明に有効であった。

さて、実験心理学の発展に伴い、日常的に観察された現象に加え、実験室的現象観察からも、心的空間の幾何学を明らかにするヒントになる諸現象が集積してきた。これらの現象はいずれも計量可能な数理データとして計測されるので、これらの数値データ相互に存在する論理関係構造を究明していくと、幾何学空間の特徴を割り出す予測命題が導出できることになる。

幾何学的予測命題をあらためて実験的検証にかけ、どの論理的予測が得られたデータを過不足なく説明可能か、また再現できたかを検証したルナバーグは、心理的世界の幾何学空間の構造は双曲線幾何学空間であると結論づけた。ルナバーグ自身は検証実験をすることなく急逝したが、その後、世界中の心理学者によって論証ならびに検証が進められることになった。

心理学内部でのパラダイム・シフト

行動論から認知論、新たな心の科学へ

一九五二年夏に開催された京都実験心理学セミナーは、世界の心理学、なかでもアメリカ実験心理学の動向をじかに知る貴重な機会であったが、その一方では、アメリカ心理学の主流を占めていた行動論は、見直しが図られる事態を迎えていた。アメリカ心理学内部での方法論的行動論の浸透に加え、心理学外の諸学問分野からの影響がパラダイム・シフトを促しつつあった。

パラダイム・シフトの象徴的な出来事は、一九五六年の夏、ダートマス会議とよばれた会議にある。それは後に「人工知能研究」とよばれる研究のはじまりとなるものであり、端的にいってそれは「考える機械を作る」という計画のスタートであった。

この会議には計算機科学者であったニューエル（Newell, A.）や認知科学にとどまらない業績を残すことになるサイモン（Simon, H.）が参加し、数学の定理証明を行う「ロジック・セオリスト」というプログラムを持参して、デモンストレーションを行った。こうした機運の背景には一九四四年にスタートしたサイバネティックスの研究会の存在、一九四六年の「行動における大脳の機能」会議（ヒクソン・シンポジウム）とそこでのフォン・ノイマン（Neumann, F.）の脳とコンピュータに関する講演などがあった。また言語学者チョムスキーによる「心＝白紙論」をとらない、言語の獲得装置をめぐる講演などが行われた。

人工知能研究が計画された背景には、情報理論をはじめ、コンピュータの開発や脳神経科学の進展など人間科学の広がりがあった。刺激－反応関係に止まっている革新的行動論や、心抜きの心理学に飽き足らない人々の手で、内的過程（心的過程、ないし認知過程）を客観的に究明する研究が提唱されるようになった。

そして、一九五六年夏の会議に引き続いて、初秋のマサチューセッツ工科大学（MIT）で「情報科学シンポジウム」が開催された。先のダートマス会議の参加者からの参加もあった。情報科学を心理学に応用したはしりでもあり、心を情報処理システムと捉えることを主張するミラー（Miller, G.）は、この年の秋のシンポジウムの中日九月十一日は「認知科学」（新たな心の科学ともいう）の成立した日である、と著書に記している。

もっとも、ミラー自身は、当時心理学外で提唱された新たな「情報理論」を、いち早く心理学に導入し、「行動論」の主張に対抗して、心的過程をこの情報の伝達や処理という見方からとらえる、いわゆる「認知論」の先駆となり、行動論から認知論へのパラダイム・シフトを引き起した。

これを「（第一次）認知革命」ともいう。またその後、さらに心理学外からの多様な分野が心的過程の究明に取り組み、「認知科学」を形成するようになる。これをあらためて「（第二次）認知革命」とよぶ。これらの革命の内容は章をあらためて言及するのでそれにゆずろう。

◉第七章

新心理学、科学的実験心理学の自立

話の流れを再び、ウェーバー、フェヒナーによって提唱された「精神物理学」の時点に戻そう。世界の心理学史の上では、新心理学、つまり科学的実験心理学の開祖は、ウェーバーやフェヒナーの後に続くライプチヒ大学の哲学科教授だった、ヴント（Wundt, W. M.）であるというのが定説である。ヴントが一八七九年に世界で初めて大学の正式な演習・講義にあたり心理学実験室を用いたことをもって、新心理学の始まりとみなすのである。ちなみに、この実験室の開設当初にいた留学生の一人が、日本の心理学史に大きな影響を与えたアメリカ人のホールであった。

W・ヴント

新心理学の開祖ヴントの略歴は表7‐1の通りである。また、彼の生理学的心理学、

1832年	ドイツ、マンハイム近郊で生まれる。
1855年	ハイデルベルグ大学で医学を学び、医師の資格取得。
1862-74年	同医学部私講師、員外教授。
1858-63年	ハイデルベルグ大学で、ヘルムホルツの助手を勤める。
1862年	著書『感覚知覚論』で実験心理学の必要性を提唱。医学部で、「自然科学の立場からの心理学」を講じる。
1867年	上記講義題目を、「生理学的心理学」と改める。これをもとに、『人間と動物の心についての講義』(1863)、『生理学的心理学綱要』(1874)を出版。
1875年	ライプチヒ大学哲学教授就任。心理学実験室の基礎を築く。
1879年	世界初の実験心理学研究室開設。
1905年	学術誌『哲学研究』を『心理学研究』と改称。
1917年	大学を退任。『民族心理学』(Voekerpsychologie)の執筆を継続。死の直前に完成。これは精神的所産としての文化、言語、神話、風俗などを発達的に研究したもの。
1920年	死去。

表7-1　ヴントの略歴

いわゆるヴントの意識心理学の基本的な特色、ならびにそれへの批判や反論を記しておこう。

ヴントの後継者とも自負したティチェナー(Titchener, E.)によって主張された構成心理学に、ヴント批判や誤解の種があるとも言われる。とくにアメリカ国内でのヴント批判は、ティチェナーとその弟子であるボーリング(Boring, E. G.)の歴史観によって広められたといわれる。アメリカでは、ヴントの意識心理学に代わる機能主義心理学(この機能とは生物の行動全般を指す。行動心理学や動物心理学の源)が提唱された。

なお、このボーリングは、クラーク

大学時代、慶應義塾大学の心理学研究室創設者となる留学生横山松三郎の博士学位研究指導を、ホールに代わって直接行っている。

ヴントへの批判点は、これがヴント自身による主観的方法論であって、第三者による吟味、検証や反証が困難であること、したがって客観的方法とはいえないことであった。実験方法はヴントに独特の、彼にしかできず彼から習得しなければならない方法であり、秘法といってもよいものである。その伝達は匠（マイスター）の技を弟子が秘かに学びとるようなものであり、科学的とは言えないと批判されることになった。

またヴントの要素還元論へも批判がなされた。自然科学において基本要素へ還元したり、要素の結合によって現象を再現したり、新たな事象を生成させ分析することがある。これにならってヴントは新心理学を開いたが、心理事象は本当に還元可能な部分の総和であろうかという批判を招くことになった。その典型は知覚現象学、ゲシタルト学派からの批判である。

測定方法については、ヴントは精神物理学的測定法を導入した。恒常法や調整法（実験者調整法、対象者自身による調整法がある）、極限法（刺激呈示法として、上昇系列、下降系列の区分がある）が代表的な計測法である。

1842年	ニューヨーク市に生まれる。 12、3歳ころまでは画家志望、しかし一転ハーバード大学理学部に入学、博士号取得のため同大学医学部で学ぶ。一方、自己実現に苦悩し休学、ブラジルでの動物採取に参加、復学後に再度休学、ドイツで生理学・精神物理学を学ぶため遊学（1867）。
1869年	ハーバード大学から医学博士学位取得。
1870年	自己実現に向け新たな取り組み、ハーバード大学解剖学・生理学講師就任。
1875年	ハーバード大学初の、精神物理学を土台とした「心理学」の講義。
1878年	『心理学原理』の出版契約、1890年出版。
1879年	哲学を教え始める、哲学書の出版。以降、教育学、宗教学、心霊研究の継続。
1910年	前年の登山中の心疾患が完治せず、心不全で死去。

表7-2　ジェームズの略歴

W・ジェームズ

一方、アメリカのプラグマティズム哲学を代表する一人であるハーバード大学のW・ジェームズ（James, W.）が、ヴントと同様に一八七五年に心理学実験室を私的に用意していた。そのこともあり、両国間では、どちらが新心理学の開祖であるのかの論争があったと言われる。そのジェームズの略歴と取り組みを表7-2に示そう。

ジェームズが心理学から哲学に関心を寄せるようになった後、ハーバード大学の心理学実験室を引き継ぐのは、ドイツから招いたミュンスターバーグ（Muensterberg, H.）である。彼はヴントのもとで学んだ後、ハイデルベルグ大学で医学を修め、フライブルグ大学講師を経て、一八九二年にハーバード大学客員教授、一八九七年に正教授に就任した応用心理学の創始者の一人である。また、一九二五年に書かれた江戸川乱歩の『心理試験』にはミュンスターバーグ由来の「うそ発見法」(特定の言葉への反応時間をデータとする連想語検査)が既に描かれている。この「うそ発見法」は、分析的心理学(精神分析学)のユング(Jung, C. G.)によって、「感情に色づけられたコンプレックス」を解明するために工夫された「言語連想」にも同じアイデアがある。後にフロイト(Freud, S.)の「自由連想法」にも引き継がれる手法である。

G・S・ホール

一方、ジェームズの指導のもとで、アメリカ初の心理学博士号を取得したのがホールである。この学位取得は、ハーバード大学が授与した博士号の第十八番目だった。なお日本の新心理学の開祖、元良勇次郎が学位取得に当たって学んだのが、ジョンズ・ホプキンズ大学に心理学研究室を開設したホールであった。

ホールは学位を取得したものの、当時は心理学の職場がなく、職探しのため、ドイ

1867年	ウイリアムズ・カレッジ卒業、哲学研究
1869〜70年	ドイツ留学（1度目）
1872年	オハイオ州内のカレッジ講師就任
1873年	哲学コースで心理学を講義。ヴントの『生理学的心理学綱要』に魅せられる。
1876年	ハーバード大学大学院で心理学を学ぶ。
1878年	学位取得。心理学博士第1号。2度目のドイツ留学。ベルリンでヘルムホルツらに学ぶ。
1879〜80年	ヴントのもとへ。帰国。
1882年	ジョンズ・ホプキンズ大学講師就任。
1884〜88年	同大学教授就任。「新心理学」を講じる。
1888〜1920年	クラーク大学（89年開学）総長就任。開学までの1年間、準備期間をおきスタッフを求めてヨーロッパなどに赴く。
1892年	アメリカ心理学会（APA, American Psychological Asso-ciation）設立、初代会長。
1909年	クラーク大学開学20周年記念行事として、フロイト、ユングらの講演会開催。
1924年	死去。

表7-3　ホールの略歴

ツなどに渡るがやはり職場はなく、結局さらに勉学を深めるため、一八七九年にヴントが開設した実験室の最初の学生となった。学生とは言え、すでに学位を取得しているので、しばらくするとアメリカにもどり、ジョンズ・ホプキンズ大学に職場を得て、心理学実験室をようやく開設した。

その研究室に、当初ボストン大学に留学していた元良勇次郎が転学し、ホールのもとで学位を取得した。日本の新心理学の直接の起源は、アメリカ流の新心理学であった。

1906年	久萬俊泰
1908年	三澤糾（東京大学）。
1909年	蠣瀬彦蔵（東京大学）（フロイドやユングらとの記念集合写真の中の一人、神田左京とともに）
1912年	上田只一
1913年	山田惣七（青山学院）
1915年	久保良英（東京大学）
1916年	堀梅天（慶應義塾）
1918年	栗原信一（青山学院）
1921年	横山松三郎（コロラド・スプリングス高校、コロラド・カレッジ・コロラド・スプリングス（BA）、ハーバード大学大学院（MA））

＊カッコ内の出身大学に東京大学とあるものは、元良勇次郎の帝国大学時点での卒業生や彼の助手を勤めた弟子たち

表7-4　ホールのもとでのクラーク大学卒業生

ホールは、心理学者としては発達心理学や教育心理学の専門家であったが、略歴（表7-3）からわかるように、心理学の制度化と社会的拡大に力を注いだ。クラーク大学総長として大学院教育を主体とする心理学研究室を整備し、日本からの留学生は、このクラーク大学で学位取得を目指すようになった。ホールが亡くなる一九二四年までに、ホールのもとで学位を取得した日本人は十数名を数えるが、その中には後に慶應義塾大学に心理学研究室を開設する横山松三郎のほか、堀梅天がいる。

ホールはさらに、アメリカ心理学会（APA）を立ち上げ、組織化することに尽力した。また一九〇九年、クラーク大学開

学二十周年を記念とした講演会に、フロイトやユングを招き、アメリカ国内の研究者と討論する機会を作り、精神分析学のアメリカ国内への紹介にも力を注いだことも特筆されるべきだろう。その際の記念写真には当時留学していた神田左京、蠣瀬彦蔵の二名の日本人も映っている。その他の日本人学位取得者は表7-4の通りである。

ただし、これらのなかで帰国後、心理学者として活躍するなり、大学で心理学研究室の主宰者になるのは久保、堀、横山にとどまった。ほかの人々は英語の教員になるなど、異なる分野の担い手となった。ここにも心理学出身者の就職難の一端を見ることができる。

日本の新心理学の担い手は、直接的には元良勇次郎とその学生たちであった。これとは別にクラーク大学で学位を取得して日本に戻り、後継者を育成した人々も重要な担い手となったが、いずれにせよ、ホールを直接の起源とした人々の手で担われたといえよう。その後は、我が国唯一の大学、帝国大学から巣立った人々がその後開設された帝国大学心理学研究室の担当者となったことに加え、一九一八年の旧大学令によって私立学校が帝国大学と同等の大学として整備されると、その出身者などの手も借りて日本の新心理学は確立し拡大していく。

このころ、新心理学の潮流は感覚現象の分析に止まらず、それから形成される心という高次精神機能に関する、科学的実験心理学的な取り組みがなされるようになる。その対象の一つは記憶現象に関するものである。この現象への先駆的な取り組みは、ジェームズの著した『心理学原理』（一八九〇）にある。その中で彼は自らの直観と感性に基づく現象分析から、記憶を分類して第一次記憶や第二次記憶とし、現在、記憶の認知心理学の実験的研究で明らかにされている短期記憶と長期記憶という分類の先駆けとなった。

またジェームズやヴントと同時代には、今日にもつながる実験心理学的かつ独創的な取り組みも行われている。次にそれを見てみよう。

心のメカニズム

さて、アリストテレスのいうように「感覚の内にないものは心の内にない」ことが確かであるとすると、心を特色づける知のありかは、心の内ではなく外部、物理世界にあるということになる。しかし、経験によって培った知識や考えたこと自体は、心という白紙に書きこまれ蓄えられるものであることも否定できない。

では、この白紙とはどのようなものであろうか。書き込まれたものがそこに残って知識となり活用できるためには、書き込まれた痕跡が白紙に留まる必要があろう。また別の書き込みが重ね書きされたとき、知識が相互に入り混じってしまっては活用には適さない。知識を相互に整理整頓したり、体系化や組織化することが欠かせない。体系化や組織化の結果を適切に蓄えてはじめて、より創造的な対処が可能になる。そう考えると、心の内部はまっさらといっても、書き込みの余地のある白紙であり、物を蓄え整理整頓する入れ物でもなければならないだろう。「頭の中の沢山の引き出し」というような表現のアナロジーは、まさにこのような直感的な理解に合っている。

デカルトは「心とは考えること、思惟である」と定義しているが、考えることを具体的に実践するためには、あらかじめ心の内に何らかの用意がなければならない。デカルトはそれを、神から人への贈り物と考えていたと思われるが、科学的実験的な観点から言うとそれは人に固有に備わった心の仕組み、心のメカニズムのことである。

このメカニズムは、生命自体がそうであったように進化という、自然の取捨選択に要する長い時間経過の中で、小さな偶然を積み上げ形成してきたものである。この見方は、いわゆる心の生得性と呼ばれ、現在、進化心理学という分野に踏襲されている。進化の過程を経て獲得された心は、人に固有のシステムであり、まっさらな白紙ではなく、当然、自然界への個別の適応に不可欠な何らかの用意を備えた各種のシステム要素、すなわちユニットから構成されている。その中の一つが記憶システムと呼ばれるものである。

いずれにせよ、心を理解する上では、記憶の機能とその仕組みを解明するための科学的実験心理学的取り組みが求められる。そして現代では脳神経科学からのアプローチが欠かせない。まずは、記憶現象を科学的実験心理学的に分析する発端となった研究の紹介から始めよう。

エビングハウスの記憶研究

記憶現象に対する科学的実験心理学からの取り組みの発端となった研究はエビングハウスによってなされた。彼の研究は、実験計画法を精緻化したこと、記憶記銘刺激材料を工夫したこと、計測データの数値化の工夫などに大きな特色と貢献がある。

エビングハウスによる記銘材料の工夫は、各自の語感や語の意味などに対する直観で記銘を左右することのないように、無意味綴りと言われる無作為な文字の記号列にしたことである。アルファベットの母音を中央におき、その前後に子音を配置して、既存の有意味語にならないように工夫したものである。こうなると被験者は、繰り返し機械的に記銘する以外にない。こうした上で一定の期間をおいて、先の無意味語が記憶にどの程度残っているのか、把持量を調べる。

その方法として、エビングハウスは節約法という測定方法を考案した。これは、一定の経過時間後、記憶に止まっている分量、把持量を計測するための工夫である。ある時間後に再生を求めた際、完全にすべてを再生できるなら、その材料は完璧に記憶に蓄えられて残っているといえよう。一方、もし忘れてしまって（忘却）、記憶に残っていないとすると、再生を求めても一〇〇%完全には再生できない。そこで同じ記銘材料が完全に再生できるまで、あらためて記銘を繰り返してもらう。そして完全にあらためて再生できるまでに何回繰り返したかを計測する。もし多くのものが記憶に残っているのなら、再生が一〇〇%になるまでの繰り返し回数は、より少ない回数で完全再生に達するはずである。一〇〇%残っているなら、再学習は、残っていることを確認するための一回ですむ。したがって、この再学習の繰り返し数（マイナス一回）が、記憶に残っている程度の指標になる。

この再学習に要した繰り返し回数と最初の完全記銘までに要した繰り返し回数の差に対する最初に要した回数の比、これが節約率という指標である（図7-5）。

節約率＝
[{(最初の全学習に要する回数)
-(一定時間経過後の再学習に要する回数-1回)}
÷(最初の全学習に要する回数)] ×100

図7-5　節約率

この指標の値が、記銘後、再生までに時間をおいてもなお残っている記憶の分量、把持量であるが、言い換えると忘れた分量、忘却量を表していることにもなる。一定時間経過後の把持量（忘却量）がどう変化するかをグラフに描くと、記憶の忘却、崩壊過程を誰の目でも客観的に確かめられる見える形にできる（図7-6）。このグラフを一般に、忘却曲線という。このようにして、心のなかの出来事で不可視な事態を可視化し、グラフで具体的に確認できるようになる。このグラフの数学的表現も可能である。実際、エビングハウスもこれらのデータに当てはまる経験式を導き出している。

エビングハウスの経験式は、記憶と再生に関する基本的な論理関係構造すべてを明らかにし得たとは言えない。しかし、そ

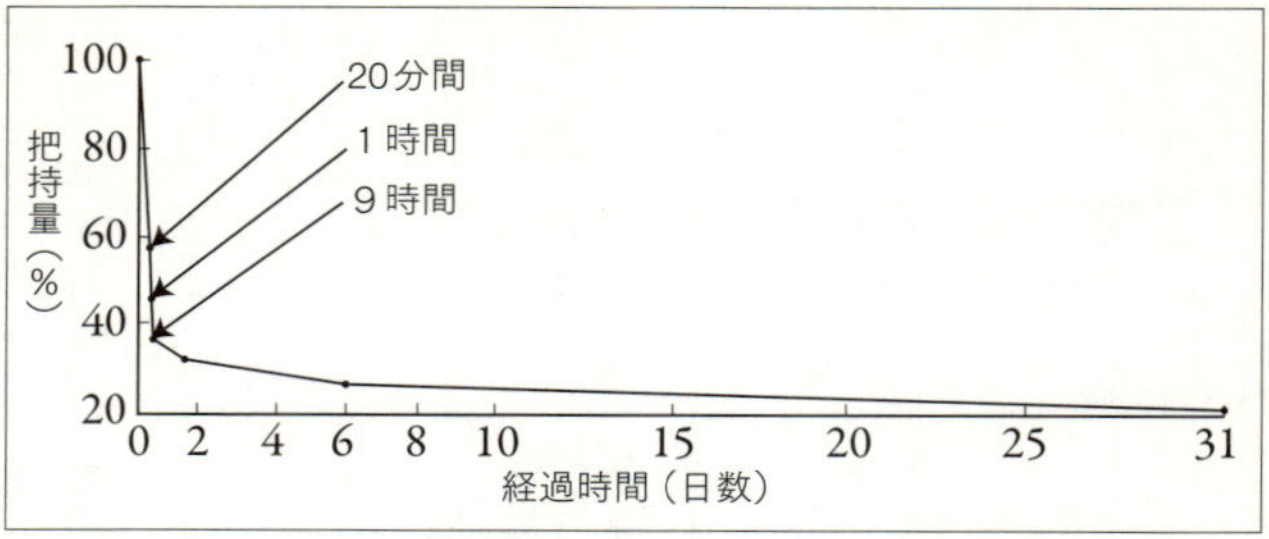

図7-6　エビングハウスの忘却曲線（エビングハウス、1885/1913をもとに作成）

の数式、把持量と時間経過との間の関係を表す論理関係構造こそ、記憶という現象を支える心の仕組みとその機能を解く鍵である。記憶を司る心と、記憶崩壊を左右する物理的時間経過の関係、つまり心身の間にある相互関係の一例を明らかにする鍵である。

心身問題への以上のような実験心理学的接近は、以後の多くの取り組みに貴重なヒントを与えることになった。エビングハウス以後の展開の中から、新たな科学的取り組みを以下に紹介をしよう。

◉第八章

パラダイム・シフト

意識心理学から行動心理学へ

ワトソンの行動論

アリストテレス以来の経験論から言うと、心を形作るのは、心という白紙に書きこまれた経験内容そのものである。したがって、知識などすべては物理的外界にあることになる。そのような知識は、身体に備わった感覚を通じて受け入れられ、経験されることになる。しかも、あたかも水をバケツにそそぐと水かさが増していくように、受け入れればそれだけ増えて行くと考えられる。その際の知識の形成過程、経験を積むいわゆる学習過程は、行動心理学の観点からいうと、刺激と反応との結合関係を形成することである。この結合を形成する手続きを条件付けという。よく知られているように旧ロシアの生理学者パヴロフ（Pavlov. I. P.）が提唱した条件反射学である。行動心理学の説明に入る前に、簡単にパヴロフの条件反射学を紹介しよう。

パヴロフの条件反射学

パヴロフは当初、消化腺の働きの解明に取り組んでいた。彼はこの研究成果によって、一九〇四年度のノーベル生理医学賞を受賞している。口や胃に食べ物が到達するとそれを消化するため、唾液分泌や消化腺から消化液が分泌される。この現象の研究である。これを、食べ物という物理的刺激への生体の機械的な仕組みから引き起こされる唾液や消化液の分泌という反射（反応）と捉え、無条件刺激に対する無条件反射（反応）であることをパヴロフは明らかにした。生命現象もこの仕組みに支えられているのはいうまでもない。

パヴロフはイヌを対象としたこの実験の最中に不思議な現象に気が付いた。食べ物が口や胃に入ったのではないのに、例えば餌の入ったバケツを持った飼育係がガチャガチャと音を立てただけで、あるいは飼育係の足音がしたり、着用している白衣を見ただけで、唾液や消化液が分泌することを観察した。これは本来の生体の仕組みから考えるとありえない出来事である。

音という刺激に対する反応は、通常、定位反応（音のした方向を確かめる反応や大きな音に対する場合は驚愕反応）である。それゆえパヴロフは、実験の操作になにか誤りなどがあったのかと疑い、この現象を原因不明な出来事とみなして「精神的分泌」と呼んだ。しかし生理学者であるパヴロフにとって、原因不明の現象を説明するのに、精神現象、つまり心を理由（心因性）とすることには抵抗があった。そこであらためて、彼はこの不思議な現象の解明に取り組み、条件付け操作をはじめとする条件反射学を提唱するに至る。

この条件付け操作とは、生体に備わる無条件刺激と無条件反射の関係をもとに、新たな刺激（これを中性刺激、条件反射が成立した後では条件刺激という）に対しても無条件反射同様の反射（条件反射、ないし反応）を引き起こすように結合関係を構築することである。

このようにしてパヴロフは、精神的分泌のような不思議な現象の原因を心に求めるのではなく、客観的に観察可能な刺激－反応関係とその間の法則から解明する道を開いた。この観点に立てば、心の概念は不必要となる。

パヴロフは、この現象を引き起こすメカニズム（心の座）を脳に求めた。そのアイデアは、脳全体は興奮と抑制の二過程、ならびに両者の均衡関係に基づき機能するというものであった。脳を構成する神経細胞の一つ一つが二過程の機能をもつことは一九四三年になって、マッカロッホとピッツ（McCulloch & Pitts）によって明らかにされることになる。すなわちパヴロフのアイデアは現在の脳神経科学への道を準備したといってよい。さらに彼は晩年、実験神経症の研究に取り組み、行動療法や薬理療法の道も開拓している。

また一方、このパヴロフの条件付け操作は、おなじくロシアの精神神経学者で、条件反射に相当するものを連合反射と呼んで人の運動反応に関する研究を行ったベヒテレフ（Bekhterev, V.）などを経て、アメリカにおいて行動心理学の方法論を提供することになる。

行動心理学

行動心理学はアメリカのワトソン（Watson,J.B.）によって提唱された。自らの心理学を「行動の科学」と規定し、ときには心抜きの心理学という批判にさらされた彼の心理学は、科学的観点からの「心＝白紙論」への新たな取り組みである。

この行動論の基本的な主旨は、行動の制御と予測である。心というような不可視で実体を欠くものではなく、科学的に客観的に観察も計測も可能な、生体の行動（刺激に対する反応）を分析の対象としようというものである。なお、行動の予測とは、行動の原因である刺激事態を特定すると、結果である反応が確定できるということである。また、行動の制御とは、引き起こされる行動の原因を操作すると、その結果である行動も左右できることを意味する。この行動を制御する方法のひとつが、パヴロフが工夫した条件付け操作である。

この考え方に立てば、白紙の心に書きこむことで形成される知とは、この条件付けによって形成された行動ということになる。つまり、ある物理的事態（条件刺激）と結び付いた反応（条件反応）のセットである行動そのものが知なのである。したがって、形成された知識を実体化したものは、見えない心の中にとどまるのではなく、外部への現れ、反応頻度（率）や回数など計測されたデータ、つまり行動の変化を示す学習曲線などに現れることになる。

学習曲線とは、反応頻度の時間的経過、変化の様子を、繰り返された条件付け操作の回数、いわゆる強化回数に応じてグラフ化したものである。この曲線が、時間経過に対して素早く立ち上がる場合は、学習や発達成熟などが早く促進することを示し、一方なかなか一定の段階までにならない場合は学習が遅い、あるいは行動形成が遅い、つまり経験の蓄積が困難ということになる。

このようにワトソンによれば、客観的に観察ならびに計測可能な行動、反応の頻度や回数が、心の直接の代替物とされた。このアプローチは、確かにヴントに見られるような、意識内容を自ら分析するという内観法の限界を打破する上で、科学的・実験心理学の確立にとって必須のパラダイム・シフトをもたらすことになった。心抜きの心理学と批判される一方で、この行動論が急進的・革新的行動論とも言われる所以である。この考え方では思考力や推理力など、考えて創造的に知識を作りだすという、心の担う能動的で高次の機能を理解することは困難である。しかしワトソンは「考えることは、しゃべること。そしてそれは行動である」と述べる。この点がさらなるパラダイム・シフトを招くことになるが、それは後に言及しよう。

まずは、ワトソンの略歴や彼の重要な貢献などを表8-2で確かめていただきたい。

ワトソンの「行動主義宣言」

一九一三年、ワトソンは「行動主義宣言」を発表する。

1878年	アメリカ、サウス・カロライナ州グリーンヒルに生まれる。少年時代にはピストルによる傷害事件で2度の逮捕歴がある。怠け者で、理屈っぽく、規則を破り、かろうじて試験にパスすればそれで満足していたという担任の先生の後日談が残されている。
1894年	ファーマン大学入学。しかし大学生活は面白くなかった。大学は職業人として立つ自覚を弱め、赤ん坊時代を延長させるだけの存在だという。
1899年	大学卒業、シカゴ大学大学院に入学し心理学を学ぶ。
1903年	「動物の教育、シロネズミの心理的発育」でPh.D.を取得。動物心理学による学位取得第1号。
1904年	シカゴ大学講師就任。動物心理学研究室創設。
1908年	ジョンズ・ホプキンズ大学から招聘される。当初助教授ポストを提示されたが、彼が躊躇したため、教授ポストと年俸を3,500ドルに増額することで応じたという。
1912年	コロンビア大学のキャテルに招かれ講演。翌年、講演内容を「行動主義者が考える心理学」として発表。
1914年	ベヒテレフの研究を知り方法論を確立(『客観的心理学(人間反射学の諸原理)』(1907)(意識抜きの生理心理学)。
1915年	アメリカ心理学会(APA)会長就任。
1917年	第一次世界大戦に空軍少佐として参加、命令された研究を批判。
1918年	戦争終結により軍法会議にかけられることは回避する。
1919年	赤ん坊を対象とする研究を再開。『行動主義者の見地に立つ心理学』刊行。イギリス心理学会のマクドーガルへの辛辣な批判が非難される。
1920年	離婚と再婚、相手は研究の助手を務めていた大学院生だった(Rosalie Rayner)。ジョン・ホプキンズ大学理事会は、彼を罷免する。広告代理店トンプソンの市場調査員となる。
1924年	トンプソン副社長就任。『行動主義』出版。
1936年	ウイリアム・エスティー広告会社副社長。
1946年	実業界から引退。
1958年	死去。

表8-1 ワトソンの略歴

行動主義者の考える心理学とは、自然科学の純粋に客観的な実験分野の一つである。その理論的な目標は行動の予測と制御にある。

その方法論にとって、内観法はなんら本質的なものではないのみならず、意識という用語で解釈を加えようとして得たデータは、なんら科学的な価値をもたない。動物の反応に統一的な図式を得ようと努力している行動論者は、人と動物を区別するような境界線を認めることはない。あらゆる精巧で複雑さをそなえた人の行動は、行動論者の考察の全体的な図式のほんの一部をなすにすぎない。

この宣言の内容は書かれた通りであり説明の要はないが、人と動物を区別しないで科学的研究に取り組むことの大切さを語っていることに留意しよう。この宣言はデカルトによって明確に区分された心と身体（つまり、この中に動物が含まれた）の区別を捨て、新たな取り組み、すなわち動物心理学や比較心理学、認知行動科学などへの道を開いた。現在の動物の心や意識、さらに言語に関する研究、さらには機械自体の思考や言語に関する人工知能研究への道をも開いたといえよう。

・行動主義宣言（1913年）による行動主義心理学の創設
『行動主義者からみた心理学』（1919年）、『行動主義（Behaviorism）』（1924年、再版1930年）
・心理学の研究対象を、客観的に観察可能な行動と数量化されたデータとしたこと
・行動の予測と制御を可能にする行動科学の提唱（刺激・反応関係：R= f（S））
・「心抜きの心理学」の樹立（「心＝白紙論」、「意識」の排除）
・実験手法として条件付け操作（パヴロフの条件反射学と条件付け操作）を利用

実験例に幼児を対象に行った「恐怖情動条件付け」がある。恐怖心のようなものは後天的に条件づけられたという主張を実証するための実験である。しかしこれは世の批判にさらされることになった。またこの実験の助手を勤めた大学院生が離婚後の再婚相手になったこともあり、ジョン・ホプキンズ大学理事会によって、教授職を罷免されることになる。以降、学問界から離れ民間の企業人として生涯を送ったため、ワトソンの行動論は頓挫することになる。
行動論から生み出された応用技術として、行動療法（消去法、拮抗条件付け、分化条件付け、脱感作法）がある。

表8-2　ワトソンの主な業績

彼の行動主義者としての「綱領」も見てみよう。こちらの内容もあらためて説明するまでもないだろう。

行動主義者はこうたずねる。「われわれは、観察できるものをなぜ心理学の真の分野にしないのか。われわれは、観察できるものに範囲を限って、これらのものだけについて、法則を立てようではないか」と。

さて、われわれは何を観察できるのか。われわれは

行動（生体がなし、あるいは言うこと）を観察できる。そこでただちにこう強調しよう。しゃべることはすること、すなわち行動することだと。人の目につくように大ぴらにしゃべること、あるいは自分自身に向かってしゃべること（つまり、考えること）は、野球と同じく、客観的な行動の一つの型である。

行動主義者が持っている物差しあるいは測量杆は、つねにこうである。すなわち、私が見ている行動のこの一片は、〈刺激と反応〉という言葉で記述できるかと。ここで刺激というのは、一般の環境にある何らかのものか、あるいは動物の生理的条件のために組織自体に起こる変化のことである。

一方、反応ということは、動物がすること（高度に組織化された活動）ということである。

彼はまた、次のように主張した。

私に健康で五体満足な乳幼児を十二人と、彼らを育てるために私自身が詳細を決める世界を与えてくれるならば、私はそのうちの任意の一人を取り出し、才能や好みや能力や天職や先祖の人種とは無関係に、私が選んだどんな専門家にでも——医者、弁護士、芸術家、商店主、それに泥棒にでさえも——育ててみせることを約束しよう。

この見解は今日でも強い影響を残している。特に教育界では教育技法をはじめ、人々の学習観を大きく左右しているといっても過言ではない。

心はまっさらな白紙のようなもの、という前提に立てば、どのような人物になるのかは、白紙になにを書きこむか次第である、と考えられる。教育次第でどのような人物にもなれるという、なかなか希望に満ちた人間観である。しかし、その結果はなりたい自分と常にうまく一致するのだろうか。現実を見てみると、希望通りになりたい自分を実現できているとは必ずしも限らないのではないだろうか。また、まっさらなうちにということは、乳幼児期の早期に、可能な限り早く教育を開始すべきだという意見につながる。しかし、訳のわからないうちに無理やり詰め込まれることが、希望どおりの自分になることとなのだろうか。それに当人に得手不得手もあるだろう。人が何にでもなりえないことは、教育学や教育方法論、手本となる教科書、教育者自身の至らなさを意味するのであろうか。

今日では、こうした見解のそもそもの前提にある「心＝白紙観」を抜本的に再検討することと、そこからのパラダイム・シフトが求められているとは考えられないだろうか。

◉第九章

新行動論と心の理論

「動機」の導入

ワトソンによって展開された行動論の行き過ぎに対して、揺り返しというべきか心の概念の復活を図る新たな取り組みが生まれた。それは内的過程も、刺激‐反応の連鎖、つまり行動として理解しようというものである。その典型例として、「動機」という概念が導入された。

ある行動がなされたとき、日常的には、その理由としてどんな動機があってそのような行動に走ったのかが問題になる。その行動をもたらした当人の内面に何があるのか、行動の原因としての心の在り方が問われるのだ。実際に起こる行動の理由、なぜそうしたのかという原因が明らかでない場合には、動機不明とか動機不純などと言われる。しかしこれは何の説明にもなっていない。

なぜなら、行動が生じていることを説明する理屈たる動機の有無そのものは、客観的に観察された行動という事実の存在によって立証される、とされているからである。この場合、動機の有無は、その行動に対する推測による解釈、場合によっては憶測であって、行動の原因や理由ではない。要するに、動機なるものは推定に過ぎない。目に見える行動の原因を目に見えない心に帰着させただけである。

ただし日常的には、そうした心（つまり動機）の存在を互いに認めるからこそ、人のするであろう行動を予測でき、それを基にこちらはどうすべきか、自分の行動を制御することができると思われている。人の行動を理解するのに有効だからこそ、動機という「心の理論」を暗黙に承知しているのだ。

しかし繰り返すが、観察可能なのは行動という事実であり、動機は、その行動から推測した解釈でしかない。このことを逆転させて、動機が当該の行動の原因であるとして良いかどうかは、科学的確証がない。

ワトソンらの行動論者は、心の概念をもってしてはこのような堂々巡りを解消できないので、心抜きで完結できる道を模索したといえよう。行動を制御している刺激それ自体こそ、動機すなわち行動の原因であると考えたのだ。この行動の原因となっている刺激を特定することに、行動の科学の主旨がある。このような考えに立ち、実証も反証もできる科学的究明を試みたのが、ワトソン以降の新行動論者たちであった。

動機低減説

動物実験で明らかにされた動機低減説は、理論的帰結の一つである。

動物（ラット）を、ある場所でいやな経験、例えば軽い電気ショックなどの嫌悪事態、嫌悪刺激にさらす（このような実験を行う装置をシャトル・ボックスという）。当然その場所から逃げ出し（逃避）たり、二度と近づきたくないと避けたり（回避）する。

ところで、こうした記述自体がそもそも観察された行動への解釈であることに注意しよう。いやだ、逃げ出したい、など心の機能を前提とした擬人化が行われている。行動として客観的に観察されることは、ある電気刺激のような嫌悪刺激は生物に逃避、ないし回避行動を引き起こす、そしてそれは動物全般の自然な生得的行動であるということである。

その後、前にいやな経験した場所で二度と同じ体験をしないようにしても（強化しない、消去）、その場所から前のように繰り返し逃げるし、近づこうともしなくなる。もう前のようにいやな目に合わないのになぜ逃げたり抵抗するのだろうか。この現象を説明する概念として、「動機」という概念が導入された。

いやな目に合った場所から、そこには近づきたくない（回避）し、そうなったら逃げ出したい（逃避）という心の作用（これは日常的にも動機とよばれる）が、逃避や回避行動を持続させるのは、そうすると、その動機が低減されるからだと説明することになる。そして、いやな経験による動機は低減できても解消されず、似たような事態で引き続き再現される後遺症が残っているのだとも説明できよう。

このように、実験的に検証できる概念、操作的定義によってはじめて、動機というものの説明が可能になるというのが新行動論者たちの考えであった。

認知地図

また別の、ラットを用いた実験がある。その結果は頭の中の地図、認知地図（心的地図、メンタル・マップ）という、ラットの迷路走行が完成するまでの学習曲線から明らかにされた概念で説明される。

スタート地点から、入り組んだ迷路を辿って餌のおかれたゴールまで達するのに必要な時間を計測する。この必要時間、あるいは走行回数の関数として、学習（ゴールまでたどり着けるようになること）完成までの経緯がわかる。このグラフも条件づけの成果を表した曲線と同様に、学習曲線という。

このとき、途中で餌を取り除くとどうなるだろうか。餌がなくなれば、ゴールに行くという無駄な行動はなくなるだろうか。実験では、その後しばらくラットを放っておくと、他の場所に餌があるとでもいうのだろうか、走路のあちこちを探索し始めることがわかっている。

さらに十分に探索し終えた頃を見計らって、あらためて、別の箇所に餌をおく。すると、ラットの餌のあるゴールへ向けた走行行動は、きわめて無駄がないものになる。中断した走行行動のレベルから探索が再開されるのではなく、その後に行った、迷路についての学習がより進行した状態からの走行行動に、劇的に変化したことがわかった。この観察事実から、ラットは餌のない状況での探索行動によって走路の全体像を把握し、環境の写しである心的地図を頭の中に作り上げた、そして行動を再開したときには、これを頼りに合理的に目的に到達したと説明することができる。

このことは単に個々の事態の経験を通じて、つまり刺激－反応関係から学習し知識を積み上げるのではなく（試行錯誤学習）、全貌を把握できる事態の全体像、すなわち心的地図をもとに個々の問題解決を図ったと理解できる。あえていうなら、既存の知を組み替え、新たな事態の問題解決のために必要な新たな知を生成した、独創的行動である。これを洞察、あるいは創造的問題解決という。

方法論的行動論

以上のような実験的事実から、内的過程を具体的に扱う実験を通じて、いわゆる心なるものを科学的に究明する道が心理学に開かれてくる。客観的に観察可能な行動をデータとして、その行動を制御している原因となる内的過程を究明する「方法論的行動論」という立場が確立する。これに加えて、同時代の心理学以外の諸学問の進展も、心理学に新たな影響を及ぼすことになる。

次章でこの話題に入る前に、同時代には新たな観点からの革新的行動論も提唱されているので若干補足しておこう。

革新的行動論

ワトソン流の行動論から「方法論的行動論」すなわち新行動論への移行について触れたが、一方で同じく革新的な、新たな発想のもと提唱されたのが、スキナー(Skinner, B. F.)の行動分析学であった。生物が、おかれた環境をきっかけ(手掛かり刺激、機会刺激)として起こす自発行動をオペラント(operant)行動と名付けることや、行動分析の手法をオペラント条件付け法ということなどから、これはオペラント心理学とも呼ばれる。

スキナーは、「なぜ生き物はそう行動するのか」という問いを立て、その問いに答えるとは、こうすることだ、すなわち「ある物理的環境で行動が生じているという客観的に観測された事実を説明するために、その原因である刺激を、行動が生じている同じ環境事態の中から特定し確定すること」であるという。

行動を自発する場自体は、行動を自発させる機会刺激(行動の手掛かり刺激)でしかない。当該行動を起させる直接の原因となるのは、この行動にともなって引き起こされた場の変化そのものである。この場の変化を担う刺激事態を強化子という。

したがって生物の行動を制御しているのは、自発的になされた当該行動自体が引き起こした、場からの働きかけであることになる。その場からの働きかけとは、当該自発行動は受容されたか、それとも抑制、拒絶ないし拒否されたか、あるいは無に帰してしまったか、というものである。この行動の結果を、スキナー独自の用語で強化随伴性という。

なお、行動が受容されることを、当該行動の再出現頻度や再現率を増加させる働きをもつことから正の強化とよぶ。この機能を担う強化子は一次性刺激と二次性刺激に区別される。例えば、一次性正の強化子には、生命維持に直接関係する刺激（食べ物や睡眠など）が相当する。また二次性正の強化子は、一次性強化子に条件づけられた、社会的に有効な機能をもつ、お金やほめ言葉、職分や名誉などをいう。一方、抑制、ないし拒否は罰といい、無為な効果は負の強化という。

このように考えると、あたかも弁別刺激（特定の行動をもたらす刺激）が、行動を制御しているように見える。しかしそれはむしろ行動の結果として起った刺激の変化が、当該行動の出現を左右すると考えるべきである。一見してあたかも、原因と結果が通常の場合とは逆転しているようにも見えるが、スキナーはこのように考えて行動分析を進めていく。

すると生体の行動は次のような連鎖の中で生じる、ということになる。すなわち、「機会刺激（弁別刺激）－自発行動（オペラント行動）－強化の随伴性（強化子、その具体的内容となる刺激などは省略）」という三項関係である。行動分析とは、この関係を解明することである。その解明のために彼はスキナー箱と呼ばれる実験装置や、生体の自発行動を記録する累積記録器も開発している。

ここで分析される行動は、パヴロフ流の機械的刺激に対する機械的反応ではないという意味でオペラント行動（自発行動）と呼ばれ、パヴロフの条件反応行動をレスポンデント行動と呼んで区分する。スキナーのオペラント心理学を応用した応用行動分析は多岐に及ぶ。教育工学（コンピュータ先生の導入）、薬理工学（薬物依存症などへの行動論的アプローチ）、社会工学（新しい社会の設計原理としての行動論、さらにはユートピア論）、そして行動療法がそれである。この行動療法は、現在の生活習慣病の研究など、行動医学の基盤となった。

ところでスキナーは作家を目指したことのある人物であった。作家として人間理解を深めるために改めて心理学を学び、独特な心理学を提唱するに至った。その彼の唯一の文学作品が『ウォールデン・ツー』と題する一種のユートピア論である。

〈理論〉は必要か

パヴロフやワトソン流の行動論を革新したスキナーは、徹底的に内的過程、認知過程をはじめ、媒介過程、中央処理過程、さらには脳内の生理学的過程への言及には強い拒否反応を示した。彼によると重要なのは、生き物が行っている行動を制御している原因を当該行動が生じているその場の刺激から特定することであって、その原因をそれとはまったく異なる場、文脈に求めることではないという。

したがって、ある行動の原因として心のような概念や、仲介・媒介過程を想定することは不適当なのである。さらには脳内の過程に求めることも同じくそぐわない。この点は生理学者や脳科学者にとって問題であっても、行動の科学がそれを頼りにするべきではない。こうした説明の根拠を別の文脈に求める取り組みを、彼は〈理論〉と呼び、こうしたものは不要であると述べた。

この科学観は、筆者の科学観にも共通する。冒頭で紹介したように、心とはなにか、と追求したあげく、「心とは心のことである」という帰結を得たのでは心をなんら明らかにしたことにならない。それは説明や理解の放棄である。いかに巧みに解釈を展開しようと、いかに納得と共感を引き起こそうと、各自の主観的な語感にすべてをゆだねただけで、結局は同語ないし同義語の反復でしかない。要するにお話である。科学の営みはそれらしいお話を創作することではない。

スキナー自身、このような科学観から、次章で触れる認知心理学の心の概念をはじめ、操作的に言及可能な心の概念にも強い拒否を示した。彼の最晩年の研究計画「コロンバン・シミュレーション計画」は、彼の抵抗と拒否をはっきりと表した実験的研究である。

この計画は彼が拒否する〈理論〉のなかでも、会話における言語（記号）使用や記憶現象、創造的問題解決（洞察）、自己認識などを、高次精神機能、認知機能という心の営みから説明することへの反論として行われた。これらの心理現象も、オペラント心理学の刺激・反応・強化随伴性という三項関係から科学的に説明できるという主張である。主に弟子のエプシュタイン（Epstein, R.）によってなされた実験では、土鳩《ドバト》（学名をコロンバ・リビア・ドメスティカという）が用いられ、認知論者たちが行うコンピュータ・シミュレーションに語呂合わせをしてこの名が付けられたと言われている。

第十章

認知心理学の台頭

情報処理システムとしての心

さて、以上のような行動論の発展に対して、心の復権はどのように可能であろうか。単なる意識心理学への回帰ではなく、少なくとも、これまで見てきた新行動論からの反論に耐えられるものでなければならない。

単に心なるものを想定し、これにことを帰着させるといった、主観的帰属や帰納であってはならない。この意味では、客観的に観察可能な、そして計測された行動データ間に内在する関係構造の示唆する機能要素や単位を、科学的に検証可能な形で抽出できるかどうかが問われることになる。この点で方法論的行動論は、新たな心的概念を構築するのに有効な手掛かりとなる。

また心理学以外の諸学問の展開からも、新たな視点がもたらされた。これまでは結び付かないと思われていた多様な領域が共通の基盤から理解できることが明らかになった。

その一例は、数理論理的関係構造、つまり構文論である。構文論の上に構築される諸学問は、見掛けでは全く異なっているように見える。しかし一つの観点から幅広い現象を包括的に捉えられるという特長があり、物事の理論の解明に最もふさわしいといえよう。構文論からの最初の学問的発展は、通信理論にはじまる。キーワードは情報である。

通信というと、身近なものでは無線や有線での電話通信をすぐに思い描かれるだろう。いずれも相手方に、話の内容が的確に伝達されないと、実用には堪えないので、通信の質を保証することが重要である。機械的、電気的部分の改良や高品質化は、電気工学や物理学に委ねることにしよう。心理学の扱うべき側面は、話の質や誰の声か判別できるか、話が鮮明に聞きとれるかといった聞き手の感覚に関わる部分である。

情報とは何か

通信を考える上で工夫されたのが、情報である。

話し手が相手に伝えたい話の内容は、それぞれ個人的なもので固有なものである。

それをいちいち取り上げては、基本となる通信一般に共通の基盤が捉えられない。そこで個々の具体的な話ではなく、伝えるもの一般を「情報」と呼び分析する。

すると通信とは、この「情報」の交換であるということになる。通信の基本は、情報が的確に伝わることである。例えば有線で情報を伝える場合、伝える距離が長くなると、情報が電気的に変換された電流は、電線の電気抵抗などで熱に変わったり、途中で減衰してしまい正しく届かない。また、電線の途中での放電や、他の電気機器からの電気的混入などで雑音が入り多くの妨害を受けるかもしれない。こうなると正しく情報を伝えていないことになる。

話し手のしゃべったことを入力情報といい、電線を通して相手に伝わったことを出力情報という。これらの入出力情報が、ぴったり重なれば情報は正しく伝わったことになる。途中で減衰などの妨害をうけた情報は、元の情報に加えて雑音情報が加わったと表現できるだろう。伝達の正確さは、この雑音情報の含まれる程度如何であることになる。このことを表すSN比（signal to noise ratio）という概念がある。雑音が０であれば、入出力情報はぴったり重なり、SN比は高くなる。

では、こうした情報をいかに定義し、どのように計量可能な形で数値化したらよいのだろうか。

例えば、明日の運動会を楽しみにしている子供がいるとしよう。彼が真っ先に知りたいことは明日の空模様である。今でこそ天気予報の精度は上がり、正確な情報が手に入るが、昔はなかなか難しかった。テルテル坊主に明日の天気を託したものである。明日のことは予測不可能、どんな空模様であるかは明日になってみないとわからなかった。こういう時に、あらかじめ天気を確定してくれる情報がもしあれば、その情報価値は高い。つまり、事態が混とんとしていればいるほど、何らかの事柄（この例では明日の天気）を確定できる情報は情報量が多いとみなすことができる。こうした観点から、情報量というものを規定することができる。

もう少し考えてみよう。いくつかの箱があり、そのうちの一つの中に宝物が入っているとする。どの箱に宝物はあるのだろうか。探し出すために質問することが許されている。ただし、どこにありますかという質問はご法度である。相手が、ハイかイイエのどちらかで答えられるような質問でなければいけない。

箱の数が多くなると、どの箱の中にあるのかという不確実さは増してゆく。このときに必要最少限の質問回数で宝物を探し出すにはどうしたらよいだろうか。

ちなみに箱の数が、一箱であったらどうだろうか。当然宝物はこの箱に入っているので、事態の不確実さはない。質問回数はゼロ回である。

では箱が二箱だったらどうか。この場合は一回の質問で決着がつく。では箱の数が四箱になったらどうだろうか？　さらに八箱であったら？　論理的に考えると、箱の数がN個に対する質問回数Hは何回必要であろうか。答えは、

$$2^H=N$$

となる。この両辺に対して底2の対数を取ると、次のようになる。

$$H=\log N$$ （ただし対数の底は2）

このHを、情報量という。つまりN個の箱の持つ不確定さを解消するのに必要な情報量はHである、ということになる。この情報量を測る単位を、ビットという。不確定な事態を解消する情報を、ハイかイイエのいずれかの回答をもとに得る場合、この

ハイ・イイエで表すことができる状態を一般的に二値状態という。数値化すると、1か0という二進数で表すことができる。英語で二進数はbinary digit、短縮してbitと書くことから単位の呼称になったのである。

情報処理のシステムとしての心

ここであらためて通信経路の精度を、情報の伝達容量という観点から把握しよう。情報の伝達容量から扱うということは、情報の流れの中に心を位置付けることであり、心の基本的な役割を、情報の単なる受け渡しの経路ではなく、情報の処理や加工をするシステムと理解することである。その処理の結果が、観察可能な行動として出力されることになる。心は情報処理システムであるとみなすのだ。

情報の流れから言うと、心身関係の総体は以下のような流れ図で表されよう。

入力情報（受容器、感覚器）→伝達経路（求心性神経系）→処理システム（中央処理システム、脳）→伝達経路（遠心性神経系）→出力情報（効果器、筋肉）

かくして観察可能な行動から遡って、その行動を出力する見えざる過程を、このような情報の流れ図の個々の構成ユニット（要素、単位）に対応させて客観的に究明する道が開かれた。行動論に代わる、認知心理学の台頭である。そのはしりともいえる、実験的研究を紹介しよう。

「魔法の数、7±2」

G・A・ミラーの論文のタイトルにその実験結果が見事に示されている。それは「魔法の数、7±2」という。

この実験は、人をある種の通信路に例えて、その情報伝達容量を計測したものである。入力情報として、エビングハウスになぞらえて、無意味に並んだ何個かの数字列を呈示する。その記銘（記憶）の直後に、記銘した数字をそのまま出力（再生）するように求める。すると正しく出力された数字の個数は、7±2の範囲に収まるとわかった。

このことから人が情報を正しく伝達する可能な情報量は、個数でいうと五〜九程度、情報量に換算するとおよそ二・三ビットから三・二ビットの範囲ということになる。これを直接記憶範囲、注意の範囲とも言う。この値は、ミラー以外の多くの研究者からも同様な結果が得られている。視覚をはじめ、聴覚、味覚などそれぞれの感覚伝達通路でも、数値に若干の違いがあるものの同様な範囲にあることがわかっている。

人の情報伝達容量としてはいささか少ないようにも思えるだろう。もちろん実験で用いる記銘材料の特性に結果は大きく左右される。この実験に用いられたのは、無作為に並んだ数字列であり、したがって記銘する際に意味などの手掛かりが何もない、ただ機械的に覚える以外にない課題であった。しかし日常的に私たちが記憶する内容は概ね意味をもち、その事柄にまつわる感情をはじめとした様々な価値を持っているのが普通である。それゆえ、多くの事柄が生涯にわたって記憶に残る。人が記憶している事柄は、決してこの実験の結果ほど小数ではない。自分の名前、住所、郵便番号、電話番号、各種暗証番号、学生番号などなど、自分にとって意味のある事柄は、豊富に記憶に止まっているものである。

ただし記憶に残るそうした事柄は、個人的事情などに大きく左右される。個別の事情に左右されずに科学的な観点で、万人に当てはまる記憶容量を捉えるためには、各自の主観性を越えた客観的計測が欠かせない。そのため、エビングハウスが無意味綴りを工夫したように、記銘材料を確率的にランダムな、つまり全く意味のない数字列などを素材として実験を行った。

さてそれでは、記憶容量を左右する意味とはいかなるメカニズムによって生み出されるのだろうか。これを解く糸口としてミラーは、チャンク化というアイデアを提出した。

チャンク化

無意味な数字列を意味のある数字列に変換する規則、すなわちコード化のルールを、課題の記憶に先立って学習する。その上で無意味数字列を記銘するように求め、記憶完了直後に再生してもらう。すると、再生個数は格段に改善されることが判明した。

具体的にはミラーは実験で、二値数（二進数）、すなわち1と0で構成されたある桁の乱数を、四進数や八進数などの数のかたまりに翻訳するというコード化のルールを用いた。例えば図10-1のようなものである。

この場合は1、0の乱数列（二進数）を、四進数や八進数に変換したことになる。乱数それぞれを機械的に記銘するのではなく、そのルールに従って、ある塊にしたその数字列を記銘すると、記憶負荷を軽減することができる。記銘できる塊は、7±2個

記銘を求める乱数（1、0が18桁並ぶ）の例

101000100111001110

二進数乱数列の記銘に当たって導入したルールとして、以下のようなチャンク化を図ると、記憶負荷を軽減でき、同じ限界であってもより多くの塊を記銘できることがわかる。

チャンク化①	2 2 0 2 1 3 0 3 2
チャンク化②	5 0 4 7 1 6

チャンク化①では4進数（0=00, 1=01, 2=10, 3=11）、チャンク化②では8進数（0=000, 1=001, 2=010, 3=011, 4=100, 5=101, 6=110, 7=111）が用いられている。

図10-1　チャンク化

の範囲に制約されていても、実質的にはその制約を越え、二～三倍程度の記銘が可能になる。

このように考えてゆくと、日常、人々が行っている記憶の特色があらためて明らかになる。心は機械的記銘を行っているのではなく、意味処理によって記憶負荷を軽減したうえで、記憶にとどめているのだ。

これは多くの人が関心を持つ、いわゆる記憶術の極意とも符合する。受験生にもよく知られるように、歴史上の出来事の年代を覚える際、その数字に当該事項に関わる意味を添えると、記銘が容易になるだけでなく、再生も確実になる。ことの理屈は、上に述べたような次第である。

数学でもこんな記憶法があった。

$\sqrt{2}=1.41421350$　一夜一夜に人見ごろ

$\sqrt{3}=1.7320508$　人並みにおごれや

$\sqrt{5}=2.23600679$　富士山麓オオム鳴く

記憶術の達人の中には、自分で編み出した固有のルールによって常識を越えた記憶量を誇り、世の人々を驚かせる人がいる。円周率πの値を何百桁もそらんじているとか、場所付け法を用いた多彩な記憶ぶりなどが知られている。学問の世界で、学術語や専門用語を使用する理由もここにある。情報処理を加えた意味情報や、導入したルールに基づいて組織化、体系化された知識や意味概念体系の助けを借りて、入力情報を物理的事態そのままではなく、心的な処理によって再構築していることになる。

このことは同時に、心の世界（心理的空間）が、当人固有の意味体系に彩られ、個性に富んでいることも明確に示していることになる。

心の機能はまさに、こうした能動的役割にあり、そのことにこそ心の存在の証を認めることができる。この意味での「メタ心」をあらためて「心」とよぶことがふさわしいだろう。こうして、単なる経験や自覚や言葉の上での「心」ではなく、客観的に検証可能な「心」の存在を明らかにして、科学的理解を加えることができた。

要するに心とは、物理的世界を、各自の意味付けや、内的に存在する各種のルールに従って、再構築する内的客観的システムと理解できよう。このときルール自体には、個人に固有という側面もあり、それが各自の個性をうみだすのであるが、他方、他者とのコミュニケーションを可能にする、共通の客観的なルールの存在も否定できない。そのルールとは、いうまでもなく、考えることに内在する形式的ルールたる数理論理の関係構造である。すでに言及したアリストテレスの形式論理学をはじめ、現代の記号論理学がこの点にかかわってくることになる。

先人たちの思索にすでに提起されていたが、心が存在することの証は考えることや推理することであり、その意味するところ、すなわち心が持つ形式とその論理構造は、まさに論理学に求めることができる。

◉第十一章

情報処理システムとしての心の仕組み

心とはいかなるものか。情報処理システムであるとみなす考え方からは、さらに一歩進んだ議論が発展してきた。それは強いＡＩ論、すなわち心は脳というコンピュータ上で走るソフト・ウエアである、という見方である。現代の認知科学学を推進するこの考え方にふれる前に、心の情報処理について明らかにされたいくつかの事柄を説明しよう。

情報とエントロピー

ここで先に述べた情報量の定義について、別の観点から見ておこう。それはボルツマン（Bolzmann, L. E.）らによる熱力学から提起された熱現象の不可逆性をさすエントロピーという概念である。

熱現象とは、分子運動の活動状態を示し、高い熱は分子運動が活発なことを意味する。熱的に外部と遮断された閉鎖系では、外から熱現象を維持するエネルギーを補充されなければ、分子運動（熱）は徐々に穏やかになり最終的には活動を停止する。このように熱現象は、分子運動の活発な状態（高温）から不活発な状態（周囲と均質な温度）へ一方向に進み（熱現象の不可逆性という）、最終的には静止状態（絶対ゼロ度）にいたるという性質がある。この性質をエントロピー増大の法則という。

これは熱の高い所と低い所という系の内部の秩序が失われ、ランダム（均質で無秩序）な状態になることである。均質な状態になり、高低の差がなくなると熱は何も仕事をしない。これは、自然界の死の状態に相当するといってもよいだろう。このプロセスを、エントロピーが増大すると表現するのである。

例えば、沸騰したお湯をそのまま室内に放置しておくと、最終的に部屋の温度と均質となって冷めた状態になる。また、自動車のエンジンは走行中（仕事中）は高い熱的状況にあるが、停車してエンジンを切ると、最終的には外気温と均質になって冷めた状態になる。エンジンが故障して動かないことを英語で、エンジンが死んだというが、熱的に均質な自然状態、エントロピーが増大した状態をうまく表現している。朝、部

エントロピー =KlogD

なお、kは、ボルツマン定数（=3.2983×10^{-21}cal／℃）という。Dは、物体の原子の無秩序さの程度を示す目安となる量。

情報量 H=logN=-logp

なお、p=1/N、等確率の場合。

図11-1　エントロピーおよび情報量の定義

屋をきちんと整理整頓しても、一日の間にだんだん乱雑になり、夕方にはすっかり散らかって秩序がなくなることにも喩えることができる。

このエントロピーを規定する定義式は、図11-1の通りである。すなわちDの逆数は、図の説明から秩序の大小を直接表す量といえる。このエントロピーの定義式は、先の情報量の定義式と、同等の形式をもっている。

この情報量の定義内容は、情報の多さを規定するものであった。情報量という単位は無秩序の程度ではなく、秩序ある状態を意味している。そもそも情報を必要としている事態とは、その状態の無秩序さや、ことの不確定さを解消しようとしている事態である。したがって、前述したどの箱に宝物が入っているかわからないという例で言えば箱の数Nが多く、どこに入っているかわからない混とんとした状況（カオス、無秩序状態）であるほど、求める箱を確定する情報は高い情報量（H）をもつことになる。無秩序な事態に秩序を与える情報は情報量が多いということができる。

心というシステムの存在意義

この点から、心とよばれるシステムの存在が示唆される。つまり心は、無秩序や混沌、カオスに高度な秩序を与え、組織化し、意味や概念を生み出すことに大きな役割がある。心が情報処理のシステムである、というのはこのような意味である。

箱の数Nの値が大きく、したがってこの状況を解消する事柄が高い情報量を持つとき、その出現確率 p は極めて小さな値となる。高い情報量をもつ事態は、その定義からいって生じる可能性が極めて小さい、稀現象と呼ばれるものである。しかしながら、その事態が現に実現している（実際に我々は混沌とした世界に意味を与え、秩序を与えながら生きている）からには、それを生み出す何らかのシステムが存在すると想定される。そうであれば、そのシステムはきっと稀現象であり極めて高度で価値のあるシステムであろう。人に固有に備わる心とは、こうした意味で貴重なシステムである。

では、同じ論理形式の式でありながら、情報量とエントロピーは、全く意味内容が反対である点を、いかに受け止めたらよいだろうか。とても興味深い議論を展開した物理学者がいる。波動方程式で知られ量子力学の発展に多大な貢献をしたシュレーディンガーである。彼は『生命とはなにか　物理的にみた生細胞』（原著一九四四年）を著し、情報量とエントロピーの関係の意味を考えた。

彼は次のように考えた。生きているという秩序ある組織化された状態は、無秩序とはまったく逆の状態である。しかしその生命はいずれ死を迎える。つまり自然の法則にしたがって、エントロピーは増大し、必然的に死を迎えることになる。しかし、生き続ける限り生命は、このエントロピー増大に拮抗して、その増大を防ぐために必要なエネルギーを取り込み続ける。食べ物が肉体的なエネルギー源となるのと同様に、もし心があるならば、その機能を発揮するために同じくエネルギー源に相当するものが欠かせない。それは情報である。ただし、情報も放っておくと拡散し無秩序な状態になる（エントロピーが増大する）のは自然の必然である。これに拮抗して、秩序を維持するためには負のエントロピーを食べる必要がある、というのである。

つまり心というシステムは、内外の環境からこの負のエントロピーをエネルギーとして絶えず取り入れ活動する。それが秩序の生成、すなわち心の情報処理に当たる。心は情報の処理を通じて、無秩序状態に拮抗して、秩序や意味、そして知識や概念などを生成する能動的機能を担ったシステムと捉えられる。

そのシステムが具体的な機能を発揮するとき、何が働いているのか。それは、考えることや推理を実行する論理計算である。古来からの哲学者の思索や思弁に止まらず、計算機としてコンピュータが具体的に実現していることをみれば、このことは明らかであるといえるだろう。

今日では、「考える機械を作る」ことを目指す研究分野、「人工知能研究」までが盛んに進められている。むしろこのコンピュータの発展の結果として、複雑かつ多面的で、高度な秩序が求められる現代社会が実現したのだ、と考えてみてもよいだろう。

さらにこの見方に立てば、「心とは、脳というコンピュータの上で走るプログラムに相当する」という帰結に導かれる。これが「強いＡＩ論」とも「心の記号論・計算論」とも言われるものである。この考え方には後に触れよう。

サイバネティクス(cybernetics)

機械と生物における通信と制御

シュレーディンガーに限らず、情報の概念を一般化して、機械だけでなく生物をも情報という切り口でとらえ、共通の基盤から広範に探求する試みがある。それが一口で言うと、制御理論である。サイバネティクスやエルゴノミクス、人間工学などと言われる分野である。

サイバネティクスの辞書的意味は「舵を取る人」である。つまり、船の航路を一定方向に保つため、必要に応じて舵を切る舵手のことである。舵手は、船が進路から逸れると、元の航路に戻すように舵を切る。波もあれば風向きもある海の上では、その方向は絶えず乱される。その乱れを修正するために、その舵を切る方向は、右に逸れれば左に、左に逸れれば右に舵を切ることになる。

船の操舵で行われているのは、目的の方向からのずれを正す向きに舵を取ることである。そのためには、ずれという情報を正しく受け止め、その情報の内容に拮抗する向きに操舵することが必要になる。この場合の情報とは、ずれの向きと逆の向きであるので、これを負の情報（ネガティブ・フードバック情報）という。こうして船は所定の方向に一定の進路を保つことができる。一定とは言っても、右、左といささかのふらつきはあるだろう。この振動（振幅）をどこまで最小に収められるかが、制御の精度に欠かせない点となる。振動が一定の値に収束しないと系の安定性（航路を保つこと）は維持できない。

船をはじめ、物ごとの状態を一定に保つために、定常状態からのずれに拮抗した逆向きに機能するシステムが必要である。船の場合は操舵手が行う役割だが、機械一般の制御をはじめ、生命活動の維持なども含んだものごとの安定化、定常化をはかるシステムと研究対象を一般化すると、制御に関する学問が生まれる。これがサイバネティクスである。

ことに生命活動の維持に欠かせない生命恒常性維持システムはホメオスタシスと呼ばれる。例えば体温を一定の範囲に保つためには、体温の増加に拮抗して血流や皮膚を通して体外へ熱を放散する発汗作用など、いろいろな自動制御システムが備わっている。身体的なシステムでも足らない場合は、空調設備などの人工物の活用、さらには病気のときの解熱剤の使用など多岐に及ぶ手段がある。その逆の体温低下に対しても、鳥肌が立ち毛穴をふさいで熱の発散を防ぐなど、人間に備わっている仕組みは多様である。

いずれにせよ、こうした的確な制御を実行するうえで、情報、なかでも負のフィードバック情報が不可欠である。これによって秩序が保たれている。

ちなみに機械系に限定していう場合にはサーボメカニズムといい、制御にきわめて重要な部分である。例えばモーターの回転数を一定に保つことは、それを使用する多くの機械が安定して機能する上で欠かせない。こうした技術でも負の情報には大きな役割がある。

正のフィードバック情報

正のフィードバック情報も存在する。先の舵取りの例でいうと、右にずれたと聞いてさらに舵を右に切ることに当たる。そうすると右へのずれは増加し、船はますます右へと大きくずれてしまう。これでは船の針路を一定方向に安定的に操船することはできない。制御どころではなく、ますます安定状態からは程遠い事態となってしまう。最終的には無秩序が出現することになるだろう。

あるいは、けがなどの場合を考えてみるとよい。もし正のフードバック情報が機能すると、最初のちょっとした出血で、その後にますます出血することになり、生命の維持は危機に瀕する。

この点でも明らかなように、システムの秩序維持に欠かせない情報は、負のフィードバック情報である。心というシステムも同じである。負のフィードバック情報をもとに秩序を生み出し、その結果として有効な知識や概念体系を創出するシステムである。

記憶の仕組み

前章で述べた情報の流れは、図11-2のようなものであった。この流れのなかで、心が情報処理システムとしていかに働いているのか検討しよう。

入力情報（受容器、感覚器）
→伝達経路（求心性神経系）
→処理システム（中央処理システム、脳）
→伝達経路（遠心性神経系）
→出力情報（効果器、筋肉）

図11-2　情報の流れ

記憶の二過程論

マードック（Murdock, Jr., B. B.）は、実験によってより詳しく記

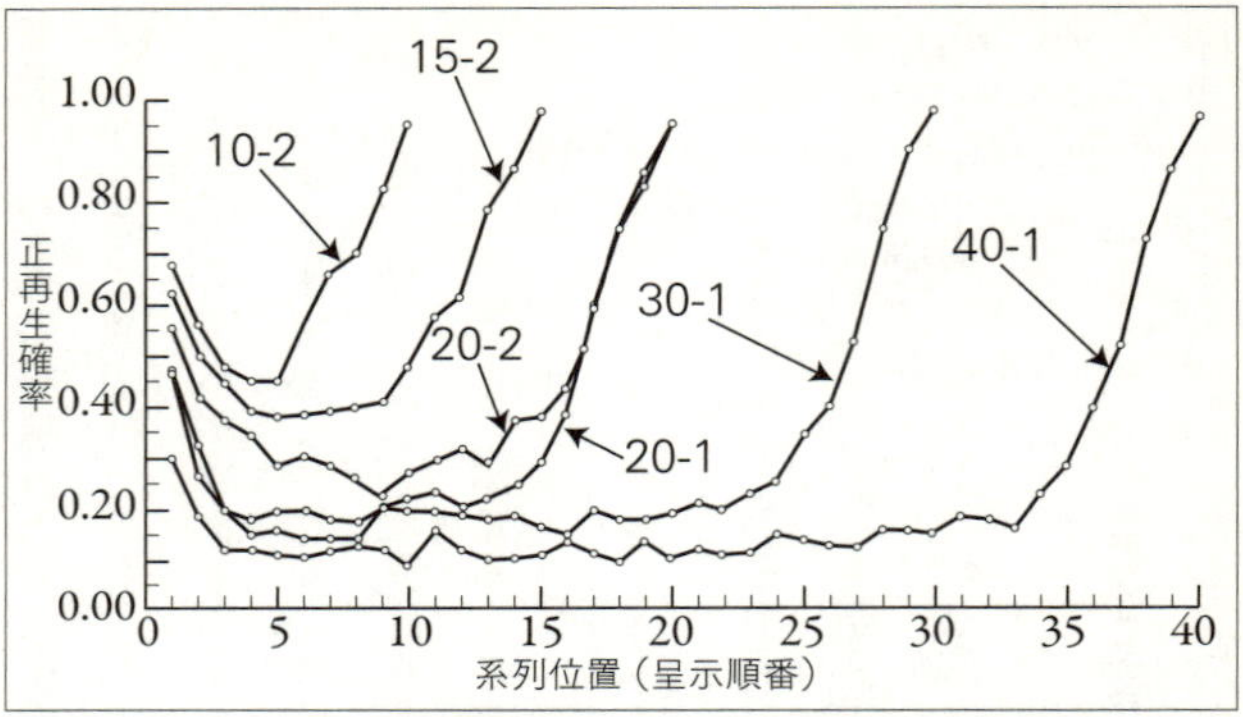

図11-3　マードックの系列位置曲線（マードック、1962、図1より引用）
図中の「10-2」などは、「記銘単語数–呈示時間（秒）」を示す

憶のメカニズムを究明した。そして記憶の短期と長期、二つのシステムの存在を明らかにした。

それは次のような実験である。まず記銘材料として有意味な語を十語、二十語、三十語、そして四十語と群に分け、それぞれ記銘するように求め、順に呈示する。そして記憶した直後にその語の再生を求める。その際、語の呈示順には拘わらず思い出せる順に書き出してもらう。そして、正しく再生された語数をデータとする。なお、単に正しい語数を数えるだけでなく、正しく再生された（正再生）語を呈示順に従ってまとめ、各語の正再生率を算出してグラフに描く。

系列位置曲線と呼ばれるこのグラフから、

記銘材料の呈示順番ごとに正再生率がどのように変動するのかが見て取れる。これより次の三つのことがわかる。

その一つが、新近性効果とよばれるものである。呈示順が後ろの語、つまり再生の直前で記銘した語の正再生率がもっとも高いのである。そしてそこから逆に徐々に中央に向かって正再生率が低下していく。

第二に、呈示順の中央部分に当たる個所では正再生率が前後に比較して低下し、しかもその値は、この中央部分全体ではほぼ一定の値で推移する。

そして三番目に、呈示順の最初の方の語では最後（つまり直近の語）ほどではないが、正再生率が再び上昇する。その中でも呈示順番が最初の語の正再生率が最も高く、これを初頭効果という。

記銘を求めた刺激語が十語、二十語、三十語、四十語とあるが、どの場合でもこの傾向は皆同じである。したがって、この系列位置曲線の示すことは、かなり普遍的で客観的な出来事といえよう。

このデータから読みとれるのは、まず、この三つの傾向は語数の塊の大小に拘わらず変わらないということである。そして総合的にいって、この記憶システムは、短期間保持するのに向いた機能を持っているといえる。これを短期記憶システムと呼ぶ。

続いて、初頭効果に目を向けよう。新近性効果ほどの正再生率はないにせよ、それなりの再生率を維持している。このことは次のように考えるのが妥当だろう。すなわち、課題を最初に記銘したので、時間の経過とともに崩壊して(忘却が起こり)失われてしまっても不思議ではない。しかしなお正しく再生できるということは、短期記憶システムに止まるのではなく、記憶を長時間にわたって保持し機能するシステムに移行しそこに蓄えられている、と考えられるのである。これを長期記憶システムと呼ぶ。

これらのことから、入力された記憶情報は出力情報として取り出される過程で、二つの異なる機能の記憶システム、つまり短期記憶システムと長期記憶システムの二つにそれぞれに保存されたものが出力されると考えられる。これが記憶の二過程モデルと呼ばれるものである。

さて残る問題点は、得られた系列位置曲線の中間箇所での、それほど高くはないがほぼ一定の正再生率となる箇所を、どう説明するかである。

正再生率が高くないことから、多くは忘却してしまったことがわかる。その忘れ易さは、中間箇所を通してほぼ一定である。このことが、なぜもの忘れをしてしまうかを考える上でヒントを与えてくれる。

忘却はなぜ起こるか

忘却はどうして起こるのか、その典型的な考え方は、干渉説である。例えば数を数えている傍らで、違った数を言われると、混乱してせっかく数えた数がわからなくなる。そのことを思い描いてもらえば良いだろう。

系列位置曲線に見られた中央部の正答率が低いのは、中央部分で呈示された記銘語は記憶に際して、その前後に並んだ多くの語の相互の影響で、記銘が干渉され、ごちゃごちゃして、覚えることが困難になったり妨害されたりした結果、記憶にとどまり難いからである。そのため、正再生率は高くはなく、前後に語が並ぶ中間箇所を通して一律に低くなる。このような前後からの干渉作用のうち、前から後ろへの干渉・抑制効果を順向抑制、後ろから前への干渉・抑制効果を逆向抑制という。

この説明の有効性を確認する追試実験に、ジェンキンス・ダレンバッハ（Jenkins, J. G. & Dallenbach, K. M.）効果といわれるものがある。日常生活では干渉作用を最小にしようとしても、さまざまな刺激が多数あり相互の妨害、干渉作用は自然に生じる。そこで、そうした干渉や妨害が最小になる条件を考える。例えば、記銘直後に就寝してもらえば、干渉（逆向抑制）による忘却は防げられ、把持量がより高い値で保持されると予測できる。実際、経過時間に応じて途中で起こし、把持量を計測すると、忘却があまり起こらないことが判明した。就寝中の八時間にわたって、ほぼ八〇％の記憶が保持されていたのである。この結果から逆に、干渉や妨害作用による効果の実在も明らかにされた。

この他に緊張説というものがある。これは心的に何らかの緊張による痕跡が残っていると、そうした事項は記憶に残りやすいが、そうでないと（緊張が解放されると）忘れてしまうという観点で、説明しようというものである。

これは、ツァイガルニーク（Zeigarnick, B. V.）効果として知られている。幼児にいろいろなおもちゃで遊んでもらう。そして何らかの理由を付けて途中で遊びを中断したおもちゃと、最後まで遊んだおもちゃがあるようにする。用意したすべてのおもちゃに触れた後で、幼児にどのようなおもちゃがあったか記憶を再生してもらうと、中断したおもちゃを先に思い出し、最後まで遊んだおもちゃはずっと後になって思い出される傾向があった。このことから、遊びを中断したケースでは遊びへの緊張が解放されず、緊張が持続したので、記憶に残ったと説明する。

さらにはおなじみのフロイト流の解釈が抑圧説である。記銘した事柄を無意識下に抑圧（抑制）したため、思い出すための意識化ができにくくなっており、そのため結果的に忘却が起こったという説である。

もっともこの解釈には微妙な論点がある。よく記憶にありません、というが、それはどういう状況なのだろうか。覚えていないというのは、そもそも記銘自体がないことなのか（自分はまっさらな状態）、記銘されてはいるが、いろいろな意味で思い出したくないという意味での抑制された状態なのか、それとも類似な事態がたくさんあって、どれかはっきりしないので結果的にこれと思いだせないのか。その違いは微妙である。

このように忘却をめぐる説明はいくつかあり、さらに検証を加える必要がありそうだが、概ねこうした理解が行き渡っている。ここで検証の一例を紹介しよう。

ポストマン&フィリップスの追試実験

ポストマンとフィリップ（Postman, L. & Philipes, L. W.）による追試実験でも、マードックの実験同様ある塊の語群を記銘してもらい、その正再生率を呈示順にプロットし、系列位置曲線を得る。そのとき新たに次のような試みを加える。それは、再生に当たって、記銘直後ではなく一定の時間を置き、しかもその間に、記憶を妨害する作業を課す。

具体的には、語を記憶してもらった後で、例えば計算作業のようなものを持続的に行ってもらう。その上で、記憶の再生を求め、その結果から系列位置曲線を描く。すると、先にあった新近性効果が消失する。その他の中間部分の結果や、初頭効果には変化が見られない。この結果をどう考えれば良いだろうか。

それは再生直前に挟んだ作業の影響（妨害効果）が、その直前の記銘に影響を及ぼし、新近性効果が消失したと考えられる。一方、中間部分も初頭部分も変化がない。このことは明らかに、短期記憶システムと、長期システムの存在をあらためて示している。そして妨害効果は短期記憶への影響が著しいことが明らかになった。

記銘事項のうち直前に記憶した語に、妨害効果が影響し、再生を困難にすることから、その程度を物忘れや記憶喪失などの指標とすることができる。また、過去から現在への意識の連続性に支障が起こることから、当人の記憶機能が健常な範囲に収まっているかどうかの判定にも使用できる。

例えば運転免許証交付に際しての認知機能検査に、このことは応用されている。この検査では、数枚の簡単な絵柄の図版を見せ、検査官が、それが何か、その名称分類を添える。くだもの、家具、花、動物などという具合である。検査の対象者は、これらを記銘する。その後、すぐに再生するのではなく、別の用紙が配られる。そこには、別の作業課題がありなる時間それに取り組む。要するに短期記憶機能を妨害する課題である。それが終ってから、最初の図版について、あらためて名称の再生が求められる。このときの記憶の把持量で、高齢者の認知機能としての記憶機能(ことに短期記憶力)が通常程度に維持されているかどうか判断する。日常生活のこうした場面でも、心理学が解明した知見が生かされている。

短期記憶と長期記憶の仕組み

それでは記憶を担う二過程、短期記憶と長期記憶はどのような仕組みになっているのだろうか。スタンバーグ(Sternberg, S.)は短期記憶過程に蓄えられた情報を取り出す際の情報検索過程を究明する研究を行った。のちにスタンバーグ・パラダイムと呼ばれるようになったこの研究方法は、目に見えない心的過程をとらえて実体化する指標として反応時間を導入するものであった。反応時間のデータ間に成り立つ関数（線形関数）から、情報検索過程を明らかにしたこの研究は、世界中にインパクトを与え、検証実験やさまざまな理論的検討の対象となった。

次のような実験を行う。短期記憶過程に収納された情報の中から、ある標的を与えて、それと合致するものが収納した記憶の中にあるのかないのか、その有無を、スイッチの押し分けでできるかぎり正確にかつ素早く応答するように求めるのである。標的物を呈示した瞬間からタイマーが作動し、スイッチの押し分け（左右の手を使う）によってタイマーはストップする。その経過時間を反応時間として計測する。

短期記憶に貯蔵された貯蔵物とはランダムに並んだ数字列である。その桁数は一桁から六桁までランダムにある。そして標的として、この数字に一致するもの、あるいは一致しないものが、そのつど呈示され、それに応じた反応を求める。つまり一致（ハイ）、あるいは不一致（イイエ）どちらかのスイッチを押してもらうのであるが、その反応に誤りがある場合にも、対象者には知らせず、正答になるまで繰り返し計測する。

すると、呈示数字列の桁数を独立変数（S、一～六）として、反応に要した反応時間を従属変数（RT、単位はミリ秒）とする両者の関係が、一致の場合と不一致の場合のそ

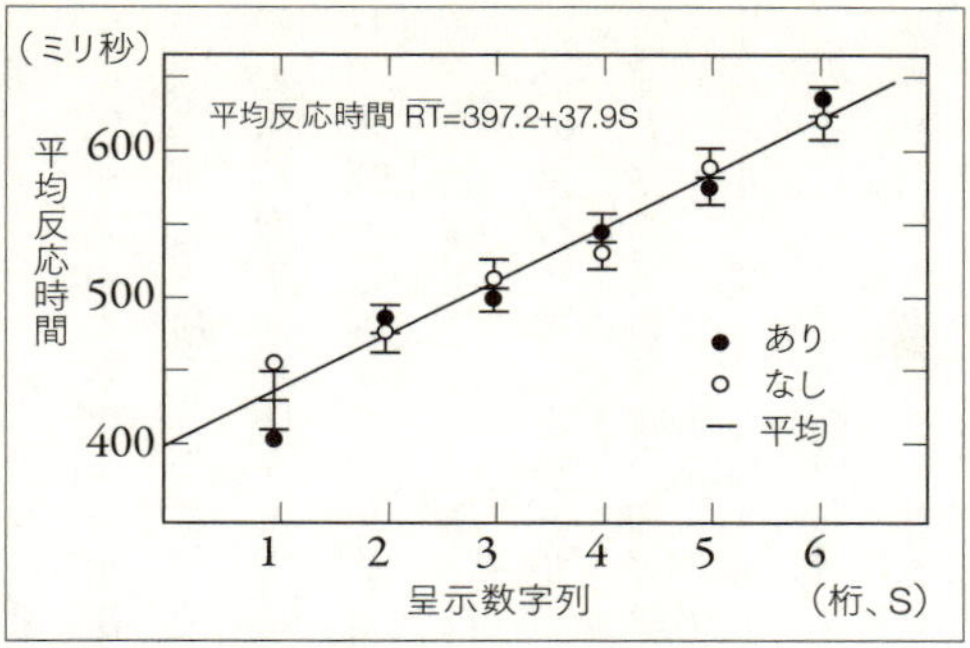

図11-4　反応時間関数

れぞれに求められる。

この結果を反応時間関数とよぼう。これをグラフ化すると、一本の線形関数（直線）を引くことができる。その勾配と切片の値を具体的に示すと、図11-4のようになった。なお、数値は丸めてあるが記憶システムの理解に支障はない。

この一本の線形関数が、全データを通じて当てはまることが判明したのである。このことの意味を考えてみよう。

高速直列処理

まず、そもそも線形関数であることの意味であるが、これは照合過程が継時的なものつまり直列処理（serial processing）、一時に一つずつの照合であることを示している。

また、勾配の四〇ミリ秒は、短期記憶に貯蔵されていた数字列の中から、標的数字に一致する数字があるかないか、一つずつ照合するのに要する時間である。これから逆算すると、一秒あたりの照合可能個数は二十五個とわかる。これが、短期記憶過程での貯蔵された数字列と標的数字との情報照合に要する速さである。これは、相当に高速の照合（high speed scan）である。

人間の動作・運動システムは、きわめて迅速な動作であってもせいぜい一秒当たり、七、八個でしかない。女子高校生が樹立したかつての電卓の早押し日本記録がそのくらいの動作スピードであった。自分で早口で数を数え上げてみれば、一秒間でどれくらいの個数を言えるかわかるだろう。

またかつてのタイプライターの技能評価では、一分当たり百二十語と言えば相当なベテランであった。かりに一語五文字程度とすると、百二十語は六百字である。一秒あたりにして、十文字相当である。かなりの熟練タイピストに違いないが、それでも一秒あたり十文字は、スタンバーグが明らかにした記憶の照合速度に比べれば遠く及ばない。

逆にいえば、そもそも表に現れる動作を支える動作系の運動能力に制約があり、隠された脳内過程でのはるかに速い処理があってこそ、このような早い動作が実現できるともいえよう。

悉皆型走査

そして忘れてはならない点は、この時間関数が一本であることである。これは、一致反応も不一致反応も同じ時間を要したということを示している。

よく考えてみるまでもなく、一致したと反応するためには一致したところで照合を停止しスイッチ押し動作に移ればよい。一方、不一致の場合、そのことが判定できるには、数字列中のすべての数字と比較照合しなければならない。ということはスイッチ押しに、より時間がかかるはずである。

そうであれば一致反応時間関数と不一致時間関数、それぞれの二本の線形関数が描けるはずである。この実験ではあらかじめ、一致する個所が数字列のどの箇所にも万遍なくあるように工夫してあった。すると一致に要する平均時間は、不一致の場合の約半分で済むはずである。

図で示すならば、反応時間関数のうち一致の場合の勾配は、不一致の場合の勾配のほぼ半分となるはずである。しかし、結果はそうではなく一本の反応時間関数だけが得られた。しかも、この関数は不一致の場合の勾配に重なっている。すなわち、照合が一致してもそこで中断してスイッチ押し動作に移る（中途打切り型走査）のではなく、意外にも、すべてを照合する悉皆型走査（高速直列処理悉皆型走査）を行っていたと説明できる。

なぜ悉皆型なのだろうか。一つ理由として考えられることは、反応系、つまり動作系自体の動作が、心的過程での照合処理走査に要する時間よりはるかに遅いためである。処理結果をそのつど動作系に受け渡して、その動作の遅さによって処理が遅くなるより、まず処理を高速ですべてすまし、その上で、動作系に受け渡す方が全体として時間の節約になる。こう考えると悉皆型処理が理に適っていることになる。

動作系に要する時間は、先の反応時間関数に現れた切片係数の四〇〇ミリ秒を見ればよい。これは照合に要する時間以外の他の時間要素をすべて含む反応時間である。動作系単独の反応時間は、単純反射時間の場合でも、生理的仕組みの制約から二五〇ミリ秒程度を要することがよく知られている。

例えば、赤信号を見て、アクセルペダルから足を離し、ブレーキペダルに乗せ換えて急ブレーキをかけることにも、これだけの時間を必要とする。その間に車は、出していたスピードや地面の摩擦係数如何で、相当の距離を走ってしまう。だから、スピードは控えめに、ということである。

いずれにせよ、動作時間は素早いといっても、脳内の処理時間に比較すると十倍程度の時間がかかる。そしてその素早い動作も、それを可能にする脳内のさらに素早い処理があればこそなのである。

以上のような実験によって、心的過程における機能の一つとみなされる記憶現象の内、短期記憶過程に蓄えられた情報と照合するメカニズムが明らかにされた。極めて巧みな実験研究といえよう。

ちなみに長期記憶からの情報取り出しは、直流（DC）電源、コイル、コンデンサー、スイッチからなる電子回路に流れる電流（i）が、時間経過（t）に伴い定常状態に達するまでの経過を示す数理モデルとして考えることができる。

第十二章

第一次認知革命

認識をめぐって

心を情報処理システムとみなす考え方から、さまざまな仕組みが明らかになってきた。しかし、まだ「心」そのものがわかったとは感じられない。認識という営みの特質を明らかにすることが、その営みの基盤にある「心」を解明する際の糸口となるだろう。

一般的に言うと、認識ができるためには、経験を通して認識対象に関する事柄がわかり、理解できるようになることが必要とされている。ようするに、まず経験することであり、そのためには感覚を磨かなければならないというのである。感覚を磨くことの内には努力や忍耐、強い意志や意欲、達成への期待、将来計画なども必要とされる。例えば読書百遍、意自ら通ずというように、本の内容がよくわかるためには、再三繰り返しよく読み込むべし、すると次第に真髄がわかるようになる、というのである。

この考え方の背景にあるのが、心は経験を積み上げる下地であるという「心＝白紙論」であろう。この白紙にどれほど多くの事柄が書き込まれたか、繰り返しによって蓄積される経験に応じて知識や概念が形成され、認識が深まるという解釈である。記憶の良いことが頭の良さとされる常識も、ここから生まれているのだろう。

しかしこれまで論じてきたように、心というシステムの機能は、受動的なものではなく、誰にでも備わった自らの能動性によって営まれるものである。

その能動的な営みとはどのようなものであろうか。堂々巡りになりかねないが、その結論は認識という営みにある。この循環的説明を打破するにはメタ認識、つまり認識というものを究明する「認識」という、より高次（メタ）の営みに言及しなければならない。その準備として若干のキーワードの説明をしておこう。

ボトム・アップ処理とトップ・ダウン処理

ボトム・アップ処理

ボトム・アップ処理というのは、文字通り、下から上へ向かっての情報の伝達とその処理を指す概念である。つまり入力された情報を末梢（受容器、感覚器）から中枢過程（脳・ならびに記憶システム）へ運び、そこでの処理を経て、しかるべき神経系を介して下り、末梢の運動器へ運ばれ適応行動する、この流れを指す。

この情報の流れの中にある基本ユニットの一つが、これまで言及した記憶システムである。処理の結果の知識や認識内容は、必要に応じてこのシステムに蓄えられ、適宜使用に供される。ここに沢山のものを蓄えられることが、物覚えが良い、頭がよいということであろう。この理解にとっては、心というシステムは、あたかもまっさらな白紙に相当し、それに経験が書き込まれた結果が知識であり認識であることになる。記憶の研究が心の研究に当たっての大事な切り口となるし、また日常的にも多くの人の関心事となるのももっともである。

トップ・ダウン処理

一方トップ・ダウン処理とは、これも文字通り、上から下への処理である。

ボトム・アップ処理のような認識の成り立ちは、一見常識に叶ったもののようであるが、能動的な心の営みという点では、むしろこちらの観点がより重要である。

日常的な表現で言えば「心ここにあらざれば、見れども見れず、聞くとも聞こえず、その味知ざれば食せず、その心正しからざれば、身を修められず」である。ボトム・アップの経験優先主義からすると、違和感があるだろう。そもそも認識を必要としているのは、その認識が欠けているからである。物事がわかるようになるのは経験の積み上げが不可欠であるはずにもかかわらず、認識に先立って何らかの用意のない場合には認識が成り立たない、と言っているように聞える。最初から何を認識することになるのか、わかっているのであれば、認識そのものが不要ではないか、と感じられるかもしれない。さかさまな話のように聞こえるが、認識の大事な特色はこうした営みに多くを負っている。

例を挙げて考えよう。普段何気なく通っている町並みは、どのように見えているだろうか。満遍なく、そこにあるどれもこれもを見ているだろうか。考えてみると、一見満遍なく見ているようでいながら、何でも見てはいないことに気づくだろう。その時々の心持ちで見える町並みは変化しているのだ。手紙を投函する目的をもって通りを歩くと、普段は見過ごしていたポストが、なじみの光景から浮かび上がってくるに違いない。こんなところにあったのか、と驚きさえ感じる。また、空腹で何か食べようか考えながら歩いていると、レストランが選択的に目に入るに違いない。

まさに取捨選択によって、ことの認識は成り立っている。その選択の前提には、何らかの構えであれ、期待であれ、心の用意がある。それによって左右された能動的営みの結果として認識が成り立っていることがわかる。

こうしてみると、あらかじめ知らない物事は、見てもそれという認識が成り立たないのであり、経験主義者の見解とは異なる実態が浮かんでくる。

ゲシタルト心理学

錯視図版

以上の話を、改めて別の角度から再検討してみよう。多義図形ないし反転図形とよばれる図版を見てほしい（図12－1）。感覚・知覚心理学の教科書に限らず、錯視図版として芸術書などでも好んで掲載しているので、よくご存知だろう。

このような図版を題材に人の認識、その基礎にある感覚や知覚現象の持つ現象分析を試みる一群の研究者はゲシタルト派心理学者、あるいは知覚現象学者などと呼ばれる。ゲシタルト（Gestalt）というのは、形、形態や図形を意味するドイツ語である。

この研究分野を代表する研究者には、ウエルトハイマー（Wertheimer, M.）、コフカ（Koffka, K.）、ケーラー（koehler, W.）、レヴィン（Lewin, K.）らがいる。これらの研究者は、心理学がほぼ行動論一辺倒であった時代に、それと根本的に異なるパラダイムを提唱した。この点で、新行動論者にも近いものであるが、むしろ行動論そのものに対比されることになる認知論の先駆けといえよう。

しかし、こうした研究の心理学界への広がりには、時代の制約があった。この分野の研究者の多くはユダヤ人であった。彼らの多くはナチスが台頭してくると、アメリカへ亡命し、アメリカでの社会心理学の拡大などへ貢献したのである。視点をかえるなら、アメリカ心理学の主流である行動論に飲み込まれたともいえるだろう。

図 12-1　多義図形

さて、ことの発端は一九一二年、ウエルトハイマーが発表した運動の知覚に関する論文「運動視に関する実験的研究」であった。この研究で、明らかにされたのが「仮現運動」である。

ここでいう運動はファイ（ϕ）現象、ストロボスコピック運動といい、これを実際に体験できる道具を驚愕盤という。ようするに、TVをはじめ、映画や電光掲示板、パラパラ漫画の原理と言ったらよいだろう。静止画像（一枚一枚のスライド画像のようなもの）を一定の時間間隔（最適時相という、六〇ミリ秒）で次々と呈示すると、静止画一枚一枚のスライド・ショーではなくそれらが連続した一連の運動のように感覚、知覚することができるというものである。

このことを、個々ばらばらの認識、つまり一枚一枚の静止画という部分が積み上がって全体が構成されるのではなく、全体のまとまりが先にあって、そのために、つながった総体として運動というまとまった物事を認識させると説明する。この全体を、認識に先立つ知識や概念、意味と考えると、なんらかの認識は、その全体像によってもたらされることになる。言い換えれば、トップ・ダウン・プロセスによる情報処理の結果、固有の存在物を認識できるようになる。

図12-1に示した多義図形から何が見えただろうか。魔法使いの老女であろうか、それとも若い娘さんであろうか。見る人がもっている全体像や意味のある総体としてのイメージに応じて、画像を構成する個々の線分や部分などは、意味が異なってくる。そのまとまりがある概念に合致したとき、そこに見えてくるものが決まる。

パターン認識

プロの似顔絵書きは、誰もが日々見慣れた著名人や政治家の顔を、輪郭線一本で見事に描き出す。それは実は我々があらかじめ、その全体像をよく知っていることが前提となっている。そうでないと、同じ線分も見る人それぞれのもつ全体像に応じて意味の異なる認識が成り立ち、同じ図版を見ていながら全く異なる図柄、形態をそこに見ることになってしまう。物理的世界像は、こうした心的関与如何によって全く異なって認識される。この認識の性質を、形態（ないし図形）認識、あるいはパターン認識という。同じ物理世界に何を見るのかは、各人の認識の前提にある概念や意味、期待などで全く異なるのである。

図12-2　多義図形その2

図12-2では何が見えるだろうか。お互いが横を向いた横顔が、向かい合っている図柄だろうか。それとも、一つの杯が図柄として浮かんだだろうか。この二つの図柄をじっと見続けていると、自然に二

つの図柄が切り替わって見えてくる。

最初は一つの図柄が浮かんでしまい、他の図柄を見ることができないが、やがて一瞬にして図柄が反転し、もう一つの図柄が形になって浮かぶはずだ。慣れてくると、自然に反転を待つのではなく、意図して反転させることもできるようになるだろう。とはいえ、十分自在に反転できても、異なる二つの図柄を同時に見ることはできない。その図柄の全体の構図が定まると部分の輪郭はその図柄の意味に規定され、他の図柄の意味を持ち得ない。したがって、異なる図柄、形態を同時に見ることはできない。このことを図と地の分化という。ここでも全体を規定する図の概念に導かれ、図柄が浮かび上がってくる。

私たちは、景勝地の渓谷にそそり立つ険しい岩壁に風雨が刻んだ彫像を見て、その地の神話や言い伝えを見いだし、物語の主人公を作りだし、ロマンを駆り立てられたりすることがある。これも私たちに備わるパターン認識（形態認識）のなせる業といってよい。

そもそも風雨が作り出した像は、偶然のたまものであって、人の顔を描こうなどといった理解や意図をもって自然が描き出したのではない。偶然の作用が積もり積もって、あたかも生命を生み出したようにその形を為したにすぎない。これに対して、なんであれその形に意味を見出し、固有の対象として認識するのは、まさに見る人に固有の認識がもたらしたことである。

当然、そこにいる動物にとっての認識は、異なっているだろう。彼らにとって重要なのは、生き残りに適した環境への適応を可能にするような認識だろう。どういう環境への適応を目指すのか、動物の種類や置かれた環境が違えば、認識能力も違ったものになる。

例えば、空に浮かんだ雲が、食べ物に見えたことはないだろうか。モノ余りの今日では、こんな牧歌的なパターン認識は成り立たないかもしれないが、食べ物にも事欠いた時代であれば、絶えずさいなまれた空腹の救いとなった給食のコッペパンを、空の雲に見つけたとしても不思議はない。

あなたの心の白地図に描かれた諸大陸の配置は?

パターン認識には個々人における固有性もある一方、人々の間で共有されているものもある。日常生活を規定する常識とも、暗黙の前提（暗黙知）とも言っていいだろう。

広く社会で共有された常識は、文化、伝統、風習、慣習などさまざまな名前で呼ばれ、生活様式とも行動様式とも言われる。

グローバル化した世界とはいえ、世界中の人々とコミュニケーションすることに潜む難しさの一つに、こうした文化規範の違いなどがあることはしばしば痛感されるものだ。しかも、常識は当事者に内在化されていて、外から観察可能な形に現れることは少ない。

例えば一枚の白紙に世界地図を思い描いてみてほしい。日本列島の位置、アメリカ南北大陸の位置、アジアからヨーロッパに至る大陸の位置、オーストラリア、ニュージーランドの配置は、あなたの地図ではどのような配置になっているだろうか。

私たちが日常で目に触れる世界地図は、日本を中央に配し、右にアメリカ南北大陸、左にアジア・ヨーロッパ大陸、上部に北極、下部にはオーストラリア、ニュージーランド、そして最下部に南極といった配置をしているだろう。

しかし、とくに西欧の人々が普段目にしている世界地図は、アメリカ南北大陸を左端に置き、グリーンランド・大西洋をはさんで、ヨーロッパ・アフリカ大陸そしてアジア大陸が右端に広がり、その右端のはずれに取って付けたように日本列島が配置され、下部にオーストラリアが配置されているものである。これらの地図からも、世界認識の違いは明らかであろう。

敗戦後の日本に駐留したアメリカ軍の兵士向けラジオ放送局を、FEN（Far East Network）といった。このファー・イースト（極東）とは、太平洋をはさんだお隣りではなく、アメリカ大陸から東へ行きヨーロッパからアジア大陸をはるばる横断した先の、いうなら地の果ての東の極の放送局という意味である。近東や中東という表現も同様である。

ピアジェの発生的認識論

以上のように、人に固有な認識の仕組みは、あらかじめ心的過程（心内）に組み込まれている。しかし、生まれて直ちにすべての認識が完全にできるようになるのではない。成熟や発達過程に応じた準備段階を経過した上で認識は完成する。これを心的発達過程と呼ぶ。それはどのような経過を経て完成するのであろうか。

ピアジェ（Piaget, J.）の発生的認識論では、あらかじめ準備された心的仕組みを、図式（シェマ）、ないし予期図式という。それが段階を追って精緻に構造化されていくことを心や知の成熟、発達と彼はみなし、その基本的段階を四つの操作期に区分した。感覚‐運動期(sensory-motor period)(対応年齢の目安:〇~一、二歳)、前操作期(pre-operational period)(同、~六、七歳)、具体的操作期(concrete operational period)(同、~十二、三歳)、そして形式的操作期(formal operational period)(同上:~生涯)の四つである。

ただし、これらの各操作期段階は、生物的年齢を経ると自然に次の段階へ到達できるというわけではない。年齢が進んでも、事柄によっては認識の構造が前の段階に止まったままであることも決してまれではない。

心的回転

さて、私たちは世界を認識する私自身を、いつどのように認識するのだろうか。これを明らかにする面白いテストがある。それが三山問題である。三山問題によって、認識を可能にする心的成熟度が前操作期段階に到達したかどうか、またその先の段階、具体的操作期への準備ができたかを確かめることができる。

テーブルの上においた箱の中に、高さがそれぞれ異なる三つの立体の山の模型を配置する。そしてテーブル面の高さで、テーブルの各四方から、それぞれの光景を写真に撮っておく。実験対象者である幼児を、テーブルの一辺に置いたイスに座らせ、目の前に見える三つの山の情景を見てもらう。その後、この幼児に、見えている情景に合う写真を先の写真の中から選んでもらう。すると、ほとんどの幼児は自分の目に写る光景を正しく選ぶことができる。

引き続いて、幼児の正面に保護者や幼稚園の先生などに同じようにイスに座ってもらう。そしてあらためて、いま先生が見ている情景はどれかな、と質問する。すると幼児は、いま自分が見ている目の前の情景の写真を取り出すことがわかった。このことから、幼児の認識の世界がどのような心的発達段階にあるのかを想定できる。この段階の幼児は、同じ情景でも見る視点が異なること、つまり他者の見る情景は自分の見ている情景とは違うということを、きちんと理解できていないとわかる。

この幼児を真正面の席に連れて行き、そこで見える情景の写真を選ばせれば、ちゃんと正しく選べる。つまり自分の見た光景がどのようなものかは確かに正しく認識できているのだ。しかし、それを他者の視点のもとにある光景と重ねて認識することができない。ちなみに、元の席に戻しあらためて、向こう側から見える情景の写真を選ばせても相変わらず、こちら側から見える情景写真を選ぶ。

視点を向こう側に移すと、こちらの見ている情景とは異なっていることを、直接の自分からの見えとは切り離して正しく推測するためには、向こう側の異なる視点では山の見え方がこちらとは逆転していることを論理的に正しく導き出す必要がある。そのためには心内で対象物を他者の視点に重ねる回転操作、心的「変換操作」が必要である。しかしこの幼児ではこの部分が未発達であるといえよう。この段階の幼児の思考を指して、「自己中心性」という。「心的回転（mental rotation）」が不十分であるとも表現する。つまり、他者の視線にものごとがどう写っているか、こう見えるはずだという、想像力や論理的関係を的確に予測する思考力がまだ未成熟なのだ。

この段階を、他者からの視点を推測するための操作がまだ可能ではない、という意味で前操作期という。それではその認識の原点に当たる自分そのものの認識（自己認識）は、どのようにして獲得、形成されるのであろうか。この件を究明する上で大きな示唆を与える動物実験がある。

チンパンジーの自己認識

あなたが毎日見る鏡に写る、鏡の中の映像は一体誰だろうか。決まっている、それは自分だ。この認識が可能なあなたは、そこに何の問題も感じないだろう。しかし、当たり前のようなこの認識にも、しかるべき心の仕組みとある段階に至るまでの成熟が欠かせない。

鏡を見る経験を持たない幼いチンパンジーを、鏡を据えた実験用の部屋で、ある期間、鏡像の経験をさせる。そして鏡の中にいるものの理解（これを鏡像理解という）の内容を調べる実験を行った。

鏡に映っているのは誰か（いうまでもなく当人自身であるが）、その認識の内容と意味を、幼いチンパンジーの見せる行動から確かめるのである。すると初めて鏡の像に出会ったチンパンジーの取った行動は、典型的ないわゆる「社会的行動」であった。

すなわち未知の出会った相手への挨拶、威嚇、そして攻撃、あるいは避けるなどの行動である。もともと、チンパンジーの群れは、他の群れに出会わないような工夫をしている。群れには見張り役の仲間がいて、他の群れに遭遇しそうになると、警告の鳴き声で仲間に知らせることも知られている。しかし、環境条件や食糧確保の必要性によっては、どうしても出会ってしまうこともある。その際に互いに無害であることを行動で示すが、軋轢も避けられない。こうしたときにチンパンジーの見せる行動が社会的行動と言われるものである。幼いチンパンジーが、はじめて鏡像と対面した際に社会的行動をとったということは、鏡の中の自己映像を他のサル（他者）である、と理解したことを意味している。

ところが、こうした行動も、三日ほど経つとすっかり質的に変化し、鏡の像が自分自身であることを認識した行動（自分自身へ向けた関心行動）を取るようになる。社会的行動が激減していくのである。肩越しに背中をかざして見たり、食べ物が挟まった歯の具合を調べたり、足裏の様子を見たりと、鏡がないと困難な、明らかに鏡の中にいる対象は自分に他ならないと理解しているがごとき「自己に向けての関心行動」を行うようになった。

この実験を行ったギャラップ（Gallup, G.）は、幼いチンパンジーの行動観察をもとに、人以外にもチンパンジーも、私たち同様「自己認識ないし、自己意識」を持つと結論付けた。そして自己認識は、まず自己の他者視（自己の他者化）から発生することを示唆した。

検証実験

この点を確かめるため、彼はさらに二つの検証実験を行っている。

〈第一の実験〉

このチンパンジーに麻酔をし意識を奪う。その麻酔下の状態で、直接塗布されたことがわからない染料（あらかじめ確認したうえで用意したもの）をチンパンジーの一方のまぶたと他方の耳たぶに塗る。そして麻酔から覚めた後、鏡のないところにまずつれて行き、染料を塗った箇所に意図的に触れるかどうか観察する。このとき、そのような確認行動はみられない。

次に鏡を置く。すると、このチンパンジーは鏡の中のわが姿を一瞥し、その身に何が起こったのかと驚き、染料の塗られた箇所を確かめ、手に何かついてはいないかなどを確かめるのであった。明らかに、この鏡像を基にした自己へ向けた関心行動は、この身に何事かが起こったという認識を持っていることを示唆している。これは自己認識の能力を示すものと説明できるだろう。このことは、塗料を塗った鏡の中の異形の姿を見て、そこに変な他者を発見し、それに対する社会的行動を取ることがなかったことからもいえる。

〈第二の実験〉

チンパンジー以外の下等とされるサル類ではどうだろうか。同じように鏡の経験をさせても（ほぼ一年程度の時間をかける。サルの生涯から言って、十分に成熟するのみならず相当の長さの時間経過に当たる）、社会的行動を持続し、自己認識の証となる自己への関心行動への変化はまったく見られない。さらに、このサルに対しても同様に麻酔下で染料をつけ、覚めた後の鏡像に対する行動を調べても、社会的行動に終始した。これらの結果から、下等サル類は自己認識の能力を持たないが、チンパンジーは自己認識能力を持つと認められる。

では、乳児はどうだろうか。乳児に対して、鏡を見せるとどう行動するかを調べた実験例がある。

その観察によると、はじめて鏡を見せられた乳児は、鏡の中の像そのものの認識がないといえる。自他の未分化な段階では、鏡の映像という理解そのものがない。鏡はあたかも素通しのガラスのごとき存在である。この段階の幼児にとって、世界は、自他未分化なままの漠とした一様な世界であることがわかる。こうした幼児も、やがて鏡像に対して好奇心を寄せるようになる。鏡そのものを調べるため後ろに廻って確かめてみるといったこともする。そして鏡の映像を認識するにいたるが、しかし、あくまでもはじめは「他者」としての理解である。

その証拠に、その映像に手を差し伸べたり、遊び相手として誘ったり、手にしたおもちゃを手渡そうとしたり、お菓子をあげようと映像の口元に押し付けたりと、自分ではない誰かがそこにいるようにふるまうのだ。

つまり自己認識が可能になるのに先立って、まず当の自己（本人）の他者化から開始されることが示唆されている。鏡に写ったこの映像は、幾何光学的に言って他者の視線の下に置かれた自己であり、確かにこの意味でも他者化した自己であって自己そのものではない。そうした他者化した自己の映像を鏡の前に立つこの自己と正しく認識するには（鏡像という記号の指示対称としてのこの私と理解すること）、それなりの内的な準備が必要である。さらにその上で、他者の吟味の下にある自己（鏡の中の自己）と、鏡の前のこの自己（当の自己）とを重ねて、それらの統合の上に、他ならない当のこの自己という認識（高次自己認識、大人の自己認識）にまでいたるには、相当の内的準備が必要であろう。この生成変化の過程こそ内的発達過程に重ねて論ずべきところである。

カメラの目、人の目

人の目の構造や機能を理解する上で、よくカメラの目と比較することがある。それに倣って話を進めよう。人の認識の特色を、カメラの目と対比してみると、人の目を通した認識の特色がより鮮明になる。

大まかな対応で言うと、目はレンズ系である。その映像を結ぶのが、人では光受容器である網膜の視細胞群である。網膜の中心部分（中心窩）には、最も精密な映像を結ぶように細胞が配列されている。この細胞は色彩受容が可能で赤、緑、青の光の三原色に対応する錐体細胞と呼ばれるものである。そしてそれを囲んで、網膜の周辺部まで広く、明暗に主として反応する桿体細胞がある。目にはこのように明所視と暗所視の役割分担がある。その役割が切り替わる際に特有の現象として、プルキニエ現象が知られている。夜明けや夕刻に、辺りが青っぽいもやのかかったような黄昏時ともいわれる情景が見えることである。一方、カメラの感光部位は、昔はフィルム、今のデジタルカメラでいうと光受容素子群ということになる。

そして取り入れる光の量を調整するのが、目では瞳孔などであり、カメラでは絞りである。また、映像の精度（焦点合わせ、ピント合わせ）を左右するのが、目ではレンズの厚さを変更する筋肉（動眼筋）の働きで、網膜の中心に映像を結ぶように働く。それが不十分であると像がゆがみ、近視や遠視、あるいは乱視を生じるため、これらを補正するレンズによるメガネの助けが必要になる。一方、カメラでは、光受容素子までの距離を変えて調整する。レンズは人の眼と違い、その厚みを自動的に調整するようにはなっていない。レンズが前後に動くのはこの必要からである。

さて、人とカメラの目の基本的な違いはどこにあるのだろうか。

カメラの目の機能は、あくまでも物理的、幾何光学的に規定された機能である。光の入力に対して、光受容素子で映像がどのように捉えられるかは、レンズ系の焦点距離をはじめ、映像の大きさなどは幾何光学的ルールで決まる。一定の距離においた物体の高さを仮に一とすると、その距離が二倍になれば、その高さは半分になるし、距離を半分に近付けると、高さは今度は二倍に近づくなど、幾何の法則どおり物理的に変化する。

ところでどなたも経験があるに違いないが、雄大な山々を背景に撮ったはずの記念写真を、あとで見たときに失望したことはないだろうか。雄大であったはずの山々が、見上げるような高い山々ではまったくなく、なんとも貧弱な姿でしかなくなっている。言うまでもなく、カメラと山の間の距離に応じた山の高さが幾何光学の法則で映像化されており、カメラは正直に物理的法則に従って、光の映像を処理しただけのことである。

プロの写真家はこういうときにどうしたらよいか、経験から学んでいるので望遠レンズを使用するなどの補正をする。そうすると実際に目で見たような映像にできる。カメラの目と異なり人の目は、物理的刺激世界に対して何らかの補正を加えて見ているのである。もちろん、人の目も、その仕組みは生理的光受容システムであり、機械のカメラの目と同じ物理的法則に支配されている。しかし物理的法則に拮抗して、人の目は心の能動的な関与によって安定した世界の認識を可能にする。

山の記念撮影のケースで内在するとみなされる心的機能を、大きさの恒常性という。遠くであれ、近くであれ、物の大きさをある程度一定に保つ機能である。何も山を見た場合だけの話ではない。例えば人が向こうから近付いてきた際、その人の身長が、距離に応じて伸びたり縮んだりはしない。ほぼ見慣れた身長のままやってくることは誰でも知っているだろう。このことがよい証であるが、人の認識は、物理的世界をそのまま写し取ったコピーではなく、固有の心的機能によって自ら生成した意味や概念の世界、心的世界である。物理世界を修正したいわば創造的な世界である。それゆえに一人一人に固有の独自な世界像である。

宇宙探査機からみた太陽系惑星群

いささか飛躍するが、いま宇宙探査機ボイジャーが、太陽系を越えた未知の空間へ飛び出し、地球生命以外の未知の高等生命に遭遇することを期待して飛行中である。それには人類からの各種メッセージが託されたレコードが搭載されていることもよく知られている。そのボイジャーが、太陽系を脱出する直前、太陽系を構成する惑星群を、カメラに収め、地球に送信した太陽系の惑星群写真を見たことがあるだろうか。

ボイジャーから見た、はるかかなたの宇宙に存在する地球の姿は、なんともちっぽけな光の点でしかない。ボイジャーの視点からは、地上に多彩な生命体の存在することも、大気や海のある青い地球の姿も全く見えない。そこに人のような高度な生命体の活動、人の活動の基にある心の存在、各自の自己認識のありようなどは全く想像することさえ困難であろう。しかし人間は、そこにある各自の存在がいかに価値ある何物にも代え難いものか、そのことを理解する自己認識を持っている。こうした自己認識は相当に高度な心的能力がないと、ありえない。ピアジェの操作期でいうと、具体的操作期を経た最終段階の形式的操作期における心的成熟が欠かせない。その認識能力は、高度な思考力や推理力、いわゆる知性によってもたらされると考えるのは自然なことであろう。

◉第十三章

第二次認知革命へ

二十世紀に急速に発展した新たな心の科学、認知科学の基本パラダイムでは、高度な思考力（知性）を、一定のルールに従って結合される記号間の計算とみなす。この見解の由来は、一九五六年夏のダートマス会議にあった。この会議で「考える機械を作る」ことを具体化する方策が議論されたのだ。人工知能研究の始まりである。

その「機械」として想定されたのは、コンピュータである。コンピュータの進歩の前提には、コンピュータの論理的原型に相当する、チューリング・マシンのアイデアがある。ちなみにことの発端をさらに遡ると、すでに言及したようにホッブズに遡るし、その計算のアイデアは、そもそも古代ギリシャのアリストテレスの形式論理学（三段論法）に由来している。知性や思考、考えることに内在する基本構造の究明は、人類が思考するようになって以来、最も古くて、新しい課題の一つである。

その現代版が、新たな心の科学である認知科学における、新しい「心観」に他ならない。本書を閉じるに当たって、最終の話題、いわゆる「強いＡＩ論」とよばれる、心の記号論・計算論に改めてふれることにしよう。

「心＝記号論・計算論」

その基本は以下の三点に集約される。

1　知（心）とは、記号の処理操作システムである。

2　記号の処理操作とは、任意の記号と記号とを、一定の規則にのっとって結び合わせる操作、計算（四則演算、加減乗除）に他ならない。

3　記号系と規則系の集合は、現実の意味である。つまり構文構造論(syntactics）である。

そして以上の三点から、「考える機械を作る」ことを目指す「人工知能（AI, artificial intelligence）研究」が導き出されることになった。

心の典型的な機能は考えることである。そのことは古来から常識とみなされていると言ってよいだろう。その昔から営々と続けられた哲学者たちの思索や思弁を知らなくても、心の大切な働きは考えること、というのは広く共通の理解となっている。しかし、あまりにも当たり前であるし、わざわざ自覚しなくとも日々考えることは実践しているので、考えるとはどうすることか、と問うこと自体がなかなか難しい。

この問いに対する一つの回答が、先に記した三点である。ここでいう「計算」ということの意味は、アリストテレスのオルガノン、形式論理学以来の現代記号論理学がそれに該当する。具体的には、命題論理学と述語論理学である。

命題論理学からみた記号計算

ここでは、命題論理学を例に、考えることが四則演算に相当することを説明しよう。なお記号とは、身近な例でいえば日常の言葉、そこで使われる語であり、なんらかの主張とは、所定の語をしかるべき順番に並べた、いわゆる文（これを名辞とも命題ともいう）、ようするに文章である。その文章と文章とを一定の規則にのっとって結び付ける際のルールは、ご存知のように文法と呼ばれるものである。

そうした文法を数理論理関係構造に則してみてみると、明らかに数の演算に相当することがわかる。表13‐1にまとめてみてみよう。

表中の文章p、qなどは、その個々の内容に立ち入るのではなく、文章の状態のみを抽出し形式化して二値状態で表すことにしたものである。いうならば、文章の真偽とでもいおうか。それを1、0、の二進数で表すことにする。ただし、実際に経験に照らして真偽を云々するのではなく、ようするに文章の取る状態の二種類、それを数量化して1、0で示すのである。そして二進数による四則演算の結果は、いずれにせよ1、0の数字の組み合わせで表現されることになる。

表に示されている通り、文章を結合し、なんらかの考えや意図を伝えるという思考の結果が、数の計算、すなわち四則演算で表現されている。つまり考えることとは、計算である。

構文構造論（syntactics）

もう一点、構文構造論についてあらためて簡単に触れよう。これは、基本的にはパース（Peirce, C. S.）の意味論に依拠している。アメリカのプラグマティズムの祖とされる彼は、いわゆる狭い意味での意味論（semantics）、語用論（pragmatics）、構文論（syntactics）、

「主語＋述語」文を結合する規則：
∩（乗法、and）、∪（加法、or、包括的or、排他的or）、¬（－、減算、not）、⇒（⊂）（ならば、if p, then q）のもとでの演算結果

p	q	p∩q	p∪q	¬p	¬q	p⊂q
1	1	1	10	0	0	1
1	0	0	1	0	1	0
0	1	0	1	1	0	1
0	0	0	0	1	1	1
		×	＋	1-p	1-q	p(1-q)=0 ＊恒真式

表中のp、qは個々の文章（主語＋述語文）を示す。

この「or」、つまり「あるいは」に当たる計算におけるp=q=1の場合の結果（p∪q=10、つまりp+q=10）について補足する。

桁上がりの「1」の場合を「包括的or」、一位の「0」の場合を「排他的or」といって区別する。後者の「排他的or」は［いずれか一方が真であれば帰結は真である］ということである。

これに対して、「包括的or」は［両方とも真であって、帰結も真］ということである。「or」の日常的用法とは異なることに注意。例えば「今日は食事と映画に行こう」という場合、いずれか一方だけでなく食事と映画の両方行ったとしても、約束違反（偽）ではなく、約束通り（真）とするような約束に該当する。

また、p⊂q、つまりpならばqの場合の恒真式（*）は、この式が常に成立する上で、p=1の場合、q=1であると全体は成立するが（1）、q=0であると全体は成立しない（0）、他方p=0の場合、この式はqが1であっても、0であっても常に成立する（1）ことを示す。

表13-1　命題論理学の四つの基本規則と記号計算内容

の観点から、記号、対象、話者の三者関係の下で、語（ないし記号一般）の意味とはどのようなものかを論じる独特な意味論を展開した。

日常的な理解のもとにある語の意味とは、基本的には語とその指示対象との関係で規定される（狭い意味論）。例えば「机」という語（記号）の意味は、それが指示する対象の在り方、属性などによって規定される。その上にものをのせる板があり、脚は通常三、ないし四本あり、その板に当たる材質は木やガラスなど多様であるが、その上に並べた小道具を使って、食事をしたり、お茶を飲んだり、あるいは、用紙を置いて物を書いたり、さらに書物を読んだりする……、「机」の意味とはこうしたものと普通は理解されていることだろう。

もう少しこの狭い意味論から広げて考えると、「机」の意味内容は、その語の使用される文脈によって規定される内容であるともいえよう。そうした意味定義は語用論（pragmatics）的意味ということになる。人の背中も、列の前の人の背を借りてメモ用紙を広げ、メモを取るならば、その背中も「机」という意味をもつ。公園の芝の上に敷物を敷き弁当を広げて食事をする場合、芝も敷物も、「机」代わりであるだけでなく、そこで繰り広げられた行為からして明らかに通常の記号の指示対象たるれっきとした

「机」そのもの、といえよう。

以上の語の意味に対する理解に特に異論はないであろう。しかし、構文論による意味規定にはいささか抵抗があるかもしれない。

構文論における意味とは、記号と記号との関係を規定するものである。その関係は、基本的に論理関係構造に求められる。ということは、記号が数の場合であれば、まさしく論理規則に当たるもの、すなわち四則演算、加減乗除に当たることは、先に見て来た通りである。

日常的理解とはかけ離れた、単に理屈の話ではないかという違和感があるかもしれない。しかし、そうした日常性や主観的わかり易さ自体が、科学的取り組みに当たって越えなければならないポイントであったことは、本書の随所で議論を展開してきたとおりである。

さて、まさに理屈に当たる概念内容をもってきちんと論理的な議論を展開しようとすると、記号同士の間に存在する規則、ルールの集合をもって意味とみなすことになる。しかもそのルールの内容は、演算規則である。記号が日常の言語における語の場合を考えると、それらの語を結び付けるルール、すなわち文法に適った文章であってこそ自然な意志疎通ができるのであり、その結果意味の伝達がなされるのである。逆ではない。

ただし留意しなければならないのは、日常語は、辞書的な意味に左右されるだけでなく、個々人による語感や感性に左右される点である。つまり日常語は主観性を免れず、それを避けるための記号の導入が必要になるのである。しかもその記号が同じような問題をもたないようにするためには、論理的に考えると、記号の意味などは無定義なままであることを要することになる。ここでこの記号に意味を与えるものこそ、記号間に導入される規則、ルールのもつ論理関係構造である。

こうしてみるといかに抽象的で形式的であれ、意味という人それぞれの恣意や感性や好みの入りやすい事態をめぐって、客観的に検証可能なように意味の伝達を云々するには、記号の間の構文構造論に立脚した取り組みが欠かせないのである。考えるという働きを問うためには、構文論からの取り組みが欠かせないと言ってもよいだろう。

考える機械

さて現代では、考えることを具体的に実践できる機械を作ることもできるという。

1997年	チェスの世界チャンピオン・ロシアのカスパロフと、IBMが開発したスーパーコンピュータ「ディープ・ブルー」と公式ルールで対戦。2勝1敗3分けで、コンピュータが勝利。前年の同じ公式対戦では、カスパロフが3勝1敗2分けで勝利したが、その再戦でコンピュータが勝利。この年5月11日は、「人工知能の勝利記念日」と称されるかもしれないと報道された。 一方1996年当時、コンピュータが将棋や囲碁で棋士とそれなりに戦えるのは、早ければ2010年頃と予測されていた。
2007年	第17回世界コンピュータ将棋選手権で、トーナメント方式で対局。40ソフトが参加。ソフト「YSS」(山下弘氏開発、昨年準優勝)が優勝。昨年優勝のBonanza(2005年登場。2007年3月、渡辺明竜王と対局、敗れたものの激闘)は、今回4位。
2010年	清水市代女流王将がソフト「あから2010」と対局、ソフトの勝利。将棋ソフト「ボンクラーズ」、元名人米長邦雄に公式対局で勝利。
2012年	第1回電聖戦(プロ棋士とソフトの囲碁の対戦、四子局ハンディー戦)1勝1敗。
2013年	第7回UEC(電気通信大学)杯コンピュータ囲碁大会。決勝は、前年同様日仏の対戦となり日本の「Zen」が圧勝して前年の雪辱をはたす。
2014年	将棋現役プロ棋士5人と5つのソフトの団体戦(第3回電王戦)。棋士の1勝4敗。 東大合格を目指す人工知能「東ロボ」全国センター模試を受験。総合科目で偏差値47.3。私大の8割で「A判定」を受ける。

表13-2　人工知能研究の成果の一例

そもそも考えることは私たちの心が、すなわちその座である頭(脳)が実践する活動だったのだが、機械でもそれが実現できるというのである。

この可能性を追求する人工知能研究は今日ある程度まで達成している。しかしそのことが重要性なのではない。機械が考えることが実現するには、そもそも人が考えるとはどういうことなのかがはっきり解明できなければならない。それが解明されてはじめて機械化も可能になる。人工知能研究は、考えるとはどういうことかをめぐって、むしろ人間理解のための優れた手段を提供することに大きな意味がある。

その成果の一端として、表13-2のようなことが可能になったことは最近の新聞やTVの報道でご承知であろう。このほかにも産業用ロボットなど、いまやあらゆる局面で活躍しているに違いない。

強いAI論、弱いAI論

これまで見てきたように、心の機能を解明することは、そのプログラム（アルゴリズム）を解明することとみなせる。このことをどう受け止めたらよいかについては、研究者の位置づけもいろいろである。ただ、このアルゴリズムとは考えを実践する際の手順そのものに当たり、これを究明することによって、考え自体の内容や仕組みを明らかにできることは、大方が認めるであろう。

こうした主張は、哲学者サール（Searle, J.）によれば、弱いAI論と強いAI論に大きく分類することができる。

〈強いＡＩ論〉

適切にプログラムされたコンピュータは認知状態を持つ。それゆえ、プログラムは単に心理学的説明を検証する手段なのではなく、プログラムすなわち心である。

〈弱いＡＩ論〉

プログラムは人間の認知過程に関する理論の検証手段にすぎない。

さらに、人工知能の思考力については、人の思考力が、さまざまな事態で柔軟に発揮されるという意味で万能であるとみなすと、人工知能は相当に制約されたものにすぎないという区分の仕方もある。もっとも、高度な専門性を求められる分野において万能であることは人にとっても難しく、特定の専門に秀でることは人工知能的な単能と言ってもいいかもしれない。

このような議論に加え、これらともまったく異なる主張もある。それは哲学者ドレイファス（Dreyfus, H.）らの反論である。

ドレイファスの反論

彼の反論の要点は、次の点を評価していないのではないかというものである。

1　対象についての経験を組織化、統一している身体の役割。

2　振る舞いが規則的であることなしに、秩序あるものとなりうるようにその背景を与えている状況の役割。

3　対象が関連をもつもの、接近可能なものとして認識されるように状況を組織化している、人間の持つ目的や欲求（志向性）の役割。

この主張には、「心＝記号論・計算論」の基本論旨のすべてに対する反論が含まれている。

彼が指摘しているのは、論理計算（頭の理屈、規則）ではなく経験と感性、つまり身体が受け止める外界こそ知の源泉だということである。確かに日常的な経験から考えるとこの主張はわかりやすい。物事を覚えるには、身体で覚える方が早いし、文字などを「手が覚えている」という表現は、内的な記憶の機能のようなものが、頭(脳)ではなく、身体にあるのだという主張である。ドレイファスは、記憶する上で大事なことはルールではなく、当人の意欲や目的、欲求などであることも指摘している。

こんな例がわかりやすいだろうか。真昼間の街の一角はまるでよそよそしく、目的地を探すのに道を迷ったり大変苦労するが、夜の帳が下りるに従い、赤提灯を目指す人々は、うまい酒を求めて迷うことなくその店に行きつく……。

ドレイファスの主張は、明らかにアリストテレスの「感性の内にないものは知性の内になし」とする、タブラ・ラサ(白紙)論に由来するイギリス経験主義の現代版である。

以上、私たちの心を探求する道のりの最新の一端にまで達した。しかしここに至って乗り越えたはずの、アリストテレス流のパラダイムが復活したともとれる事態となった。歴史は繰り返すのであろうか。この道程の間に、私たちの心に対する認識には、何らかの進展があっただろうか。それとも、心の科学はさらに混迷の度を増しているだけなのだろうか。この先の探究が読者のみなさんの手によってなされることを期待して、筆を擱くことにしよう。

人の心の探求は、今日多岐に及び、豊富な切り口からさまざまな特性が明らかにされている。しかしなお、研究者間ではその取り組みをめぐって根源的ともいうべき議論がたたかわされている。心の探究自体が、過去の履歴を繰り返しながら（むしろ、科学的営みは先人の肩の上で繰り広げられる、ということであるが）、いわば螺旋状に展開されてきた。

そうした中で、科学的実験心理学の成立経緯から、「心理学」の現状へのあゆみの一端を、心のパラダイムの変遷史をもとに追ってきた。

今後のこの学問の新たな展開が本書をきっかけとして学びを深めたあなたの手で押し進められることを期待しよう。

なお本書は、同名の放送大学開設科目の印刷教材（教科書）として著わされた西川泰夫・高砂美樹編著・分担執筆者サトウタツヤ『心理学史』（二〇〇五）をもとに、西川の手で新たな構想のもとに書き下したものである。本書を、放送大学叢書としてあらためて出版する機会を用意された放送大学関係各位、ならびに本書の出版に当たって対応された、左右社代表小柳学氏、担当東辻浩太郎氏にお礼する。お二方は、本書の最初の読者という立場からの有意義なご意見、編集上の校正作業、また本書を読者諸氏にとって読み易くまた正確にする上で、尽力された。ここに記し感謝の意とする。

主な参考文献（読書案内）

心をめぐる思索

アリストテレス（桑子敏雄訳）『心とは何か』講談社学術文庫、一九九九
アリストテレス（出隆訳）『形而上学（下）』岩波文庫、一九六一
今道友信『アリストテレス』講談社学術文庫、二〇〇四
ジェームズ（桝田啓三郎訳）『プラグマティズム』岩波文庫、一九八五
ジェームズ（今田寛訳）『心理学（上・下）』岩波文庫、一九九二、一九九三
シェリー（森下弓子訳）『フランケンシュタイン』創元推理文庫、一九八四
デカルト（谷川多佳子訳）『方法序説』岩波文庫、一九九七
ハーヴィ（岩間吉也訳）『心臓の動きと血液の流れ』講談社学術文庫、二〇〇五
ホッブズ（水田洋訳）『リヴァアサン』岩波文庫、一九五四
西川泰夫「解題の試み：元良勇次郎論説「精神物理学」（第4回より）――フェヒナー問題をめぐって」「心理学史・心理学論」（14/15）一〜一一ページ、二〇一三

新心理学

池内了『科学史入門』幻冬舎、二〇一二
エビングハウス（元良勇次郎閲・高橋穣訳述）『エビングハウス心理学』冨山房、一九一二
エビングハウス（宇津木保訳・望月衛閲）『記憶について　実験心理学への貢献』誠信書房、一九七八
ギルホード（秋重義治監訳）『精神測定法』培風館、一九五九
クーン（中山茂訳）『科学革命の構造』みすず書房、一九七一
小山慶太『科学史年表　増補版』中公新書、二〇一一

ポップルストーン&マクファーソン（大山監修・西川泰夫＋溝口元＋佐藤達哉＋鈴木裕子＋辻敬一郎＋高砂美樹＋文野洋訳）『写真で読むアメリカ心理学のあゆみ』新曜社、二〇〇一

Fechner, G. T. , *Elemente der Psychophysik*, Leipzig: Breitkopf und Härtel, 1860.

Luneburg, R., *Mathematical analysis of binocular vison*, Priceton University Press, 1947.

Psychology Today, An Introduction, 2md ed., 1972.

日本の心理学

大久保利謙編『西周全集』全四巻、宗高書房、一九六〇

福来友吉「千鶴子の透視」『心理学通俗講話』第四纂、心理学研究会、二〇四〜二五五ページ、一九一一

ヘヴン（奚般氏）（西周訳）『心理学　上・中・下巻』文部省印行、一八七六

『元良勇次郎著作集』全十四巻・別巻二巻、元良勇次郎著作集刊行委員会（大山正監修・刊行委員会編集・主幹大泉溥）、クレス出版、二〇一三

西川泰夫「日本心理学会の成立から第二次世界大戦後まで」日本心理学会７５年史編集委員会編『日本心理学会７５年史』日本心理学会、第一章、九〜二七ページ、および付録、二八〜三四ページ、二〇〇二

行動論

スキナー（宇津木保＋うつきただし訳）『心理学的ユートピア』誠信書房、一九六九

ソーロー（飯田実訳）『森の生活　ウォールデン（上・下）』岩波文庫、一九九五

ワトソン（安田一郎訳）『行動主義の心理学』河出書房新社、一九八〇

Skinner, B. F., Are therories of learning necessary?, *Psychological Review*, 57(4), 193-216, 1950.

Watson J. B., Psychology as the behaviorist views it, *Psychological Review*, 20, 158-177, 1913.

西川泰夫・山崎久美子編「生活習慣病：行動医学からの展望」現代のエスプリ三七三号、至文堂、一九九八

認知心理学・認知科学

ケーラー（宮孝一訳）『類人猿の知恵試験』岩波書店、一九六二

サール（土屋俊訳）『心・脳・科学』岩波書店、一九九三

シュレーディンガー（岡小天・鎮目恭夫訳）『生命とは何か　物理的にみた生細胞』岩波文庫、二〇〇八

Jenkins, J. G. & Dallenbach, K. M., *Obliviescence during sleep and working*. Amer. J. Psychol., 35-605-612, 1924.

Miller, G. A., The magical number seven, plus or minus two: some limits on our capacity for processing information, *Psychological Review*, 63, 81-97, 1956.

Murdock, Jr., B. B. The serial position effect of free recall, *Journal of Experimental Psychology*, 64(5), 482-488, 1962.

Sternberg, S., High-speed scanning in human memory, *Science*, 153, 652-654, 1966.

西川泰夫「認知科学　人の心を科学する」現代のエスプリ三六二号、至文堂、一九九七

西川泰夫・大塚啓輔「確率過程からみた長期記憶検索」上智大学心理学科紀要（4）、五一～六三ページ、一九八〇

西川泰夫「心の工学（感性工学）——独創するとは論理的に考え計算すること——」タイムライフ経営大学院『人間論3　独創力』第二章、二〇〇三

西川泰夫『新版　認知行動科学　心身の統合科学をめざして』（財）放送大学教育振興会、二〇〇六

西川泰夫「心理学論考ノート　認知空間の幾何学的構造」「心理学史・心理学論」（9）、一～一八ページ、二〇〇七

西川泰夫「心理学論考ノート　「ヒト」はいかに「人」になるか：知性の生成変換過程とその数理構造」放送大学研究年報（27）、三五～五四ページ、二〇〇九

人工知能・認知革命

ウィーナー（池原止戈夫・彌永昌吉・室賀三郎・戸田巌訳）『サイバネティックス　動物と機械における制御と通信』岩波文庫、二〇一一

小山慶太『神さまはサイコロ遊びをしたか　宇宙論の歴史』講談社学術文庫、一九九七
ガードナー（佐伯胖・海保博之監訳）『認知革命――知の科学の誕生と展開』産業図書、一九八七
ドレイファス（黒崎政男＋村若修訳）『コンピュータには何ができないか　哲学的人工知能批判』産業図書、一九九二
ノイマン（柴田裕之訳）『計算機と脳』ちくま学芸文庫、二〇一一
マコーダック（黒川利明訳）『コンピュータは考える　人工知能の歴史と展望』培風館、一九八三
Searl, J., Minds, Brains, and Programs, *Behavioral and Brain Sciences*, 3, 417-424, 1980.
西川泰夫『心の科学のフロンティア　心はコンピュータ』培風館、一九九四

辞典

宮城音弥編『岩波小辞典心理学　第3版』岩波書店、一九七三
西尾実・岩淵悦太郎・水谷静夫編『岩波国語辞典　第4版』岩波書店、一九八六
大山正・藤永保・吉田正昭編『心理学小辞典』有斐閣、一九七八

創刊の辞

この叢書は、これまでに放送大学の授業で用いられた印刷教材つまりテキストの一部を、再録する形で作成されたものである。一旦作成されたテキストは、これを用いて同時に放映されるテレビ、ラジオ（一部インターネット）の放送教材が一般に四年間で閉講される関係で、やはり四年間でその使命を終える仕組みになっている。使命を終えたテキストは、それ以後世の中に登場することはない。これでは、あまりにもったいないという声が、近年、大学の内外で起こってきた。というのも放送大学のテキストは、関係する教員がその優れた研究業績を基に時間とエネルギーをかけ、文字通り精魂をこめ執筆したものだからである。これらのテキストの中には、世間で出版業界によって刊行されている新書、叢書の類と比較して遜色のない、否それを凌駕する内容のものが数多あると自負している。本叢書が豊かな文化的教養の書として、多数の読者に迎えられることを切望してやまない。

二〇〇九年二月

放送大学長　石　弘光

放送大学

学びたい人すべてに開かれた
遠隔教育の大学

〒261-8586 千葉市美浜区若葉2-11
Tel: 043-276-5111　Fax: 043-297-2781　www.ouj.ac.jp

西川 泰夫（にしかわ・やすお）
心理学史、認知科学。文学博士、上智大学名誉教授・放送大学客員教授。主な著書に『心とは何か―環境と人間―』『ブラック・ボックス的人間論』（講談社）、『心の科学のフロンティア』（培風館）、『行動医学』（講談社）、『認識のかたち』（誠信書房）などがある。

1939年　千葉市に生まれる
1964年　慶應義塾大学文学部哲学科心理学専攻卒業
1966年　同大学大学院社会学研究科心理学専攻修士課程修了
1969年　同博士課程単位取得満期退学、上智大学文学部助手
1970年　上智大学文学部専任講師
1974年　同大学文学部助教授
1981年　同大学文学部教授
1998年　同大学名誉教授、北海道大学文学部心理システム科学講座教授
2000年　北海道大学大学院文学研究科教授
2002年　放送大学教養学部・同大学院文化科学研究科教授
2010年　同大学客員教授

シリーズ企画：放送大学

心をめぐるパラダイム　人工知能はいかに可能か

2015年8月30日　第一刷発行

著者　西川泰夫

発行者　小柳学

発行所　左右社
〒150-0002 東京都渋谷区渋谷2-7-6-502
Tel: 03-3486-6583　Fax: 03-3486-6584
http://www.sayusha.com

装幀　松田行正＋杉本聖士

印刷・製本　中央精版印刷

Printed in Japan ISBN978-4-86528-126-2